滇版精品出版工程专项资金资助项目

乡村振兴系列丛书

乡村生态振兴释讲

谭鑫 杨怡 余雨薇 著

云南出版集团
云南科技出版社
·昆明·

图书在版编目（CIP）数据

乡村生态振兴释讲 / 谭鑫，杨怡，余雨薇著 . -- 昆
明：云南科技出版社，2023
（乡村振兴系列丛书）
ISBN 978-7-5587-4463-1

Ⅰ. ①乡… Ⅱ. ①谭… ②杨… ③余… Ⅲ. ①乡村－
生态环境建设－研究－中国 Ⅳ. ① F320.3 ② X321.2

中国国家版本馆 CIP 数据核字 (2023) 第 024604 号

乡村生态振兴释讲

XIANGCUN SHENGTAI ZHENXING SHIJIANG

谭　鑫　杨　怡　余雨薇　著

出 版 人：温　翔
策　　划：高　亢　李　非　胡凤丽
责任编辑：王建明　赵伟力　洪丽春　曾　芜　张　朝　蒋朋美
助理编辑：龚萌萌
封面设计：昆明墨源图文设计有限公司
责任校对：秦永红
责任印制：蒋丽芬

书　　号：ISBN 978-7-5587-4463-1
印　　刷：云南灵彩印务包装有限公司
开　　本：787mm×1092mm　1/16
印　　张：7.75
字　　数：198 千字
版　　次：2023 年 6 月第 1 版
印　　次：2023 年 6 月第 1 次印刷
定　　价：58.00 元

出版发行：云南出版集团　云南科技出版社
地　　址：昆明市环城西路 609 号
电　　话：0871-64114090

《乡村振兴系列丛书》
编委会

本册著者：谭　鑫　杨　怡　余雨薇

序

民族要复兴，乡村必振兴。

习近平总书记强调，实施乡村振兴战略，是党的十九大作出的重大决策部署，是新时代做好“三农”工作的总抓手。各地区各部门要充分认识实施乡村振兴战略的重大意义，把实施乡村振兴战略摆在优先位置，坚持五级书记抓乡村振兴，让乡村振兴成为全党全社会的共同行动。

云南省委、省政府认真贯彻落实党的十九大精神和十九届历次会议精神，团结带领全省各族群众，积极探索云南的乡村振兴，对全省实施乡村振兴战略进行了规划和部署。印发了《云南省乡村振兴战略规划（2018—2022 年）》。结合《中共云南省委关于制定云南省国民经济和社会发展第十四个五年规划和二〇三五年远景目标的建议》中提出的云南省要全力打造世界一流“三张牌”：“绿色能源牌”“绿色食品牌”“健康生活目的地牌”，大力发展高原特色现代农业，打造粮食、茶叶、花卉、水果、蔬菜、坚果、咖啡、中药材、生猪、肉牛十大高原特色现代农业重点产业。全产业链重塑云南农业，坚持市场导向，选准各地最具优势特色、最有发展潜力的主导产业，找到了云南乡村振兴的实施路径。

云南省的乡村振兴工作在紧锣密鼓地有序推进落实。与此同时，也暴露出一些不足：相关理论政策学习不全面、不彻底、不充分，解读不到位，实施经验不足，案例难寻，缺乏指导性、实操性较强的理论体系支撑。为了巩固拓展脱贫攻坚成果，做好脱贫攻坚与乡村振兴的有效衔接，更好地全面推进云南的乡村振兴战略，特策划出版《乡村振兴系列丛书》。

《乡村振兴系列丛书》立足乡村振兴战略实现农业农村现代化的总目标和坚持农业农村优先发展的总方针，根据产业兴旺、生态宜居、乡风文明、治理有效、生活富裕的总要求，对乡村产业振兴、人才振兴、文化振兴、生态振兴、组织振兴五大目标进行研究和解读，探索乡村振兴的内涵与外延。从农业农村现代化、生态文明建设、兴边富民等方面介绍相关的战略规划与政策体系。并通过乡村振兴基层操作、热词搜索、党建引领、民族团结促进等多渠道探索了乡村振兴的有效实施路径。本丛书系统构建了乡村振兴战略理论研究与实施支撑体系，为乡村振兴战略的推进落实、基层操作提供了丰富的理论研究依据和实施路径指南，具有较强的指导性、操作性。

《乡村振兴系列丛书》具有以下特点：

示范性强：本系列丛书最大的一个亮点，是充分考虑云南边疆民族地区的特点，也侧重于云南脱贫攻坚成果巩固与乡村振兴有效衔接的实际情况，在政策解读、实践操作时，重点考虑了云南作为边疆民族地区的差异、需求，提供切实可行的解决方案和操作要点，如针对边疆民族地区的兴边富民行动介绍；针对民族地区，以民族团结进步示范创建促推乡村振兴……符合实际需求，实操性、示范性较强。

系统性强：本系列丛书层次、版块分明，系统性、完整性较强，选题结构丰富，并兼顾了指导性和可操作性。共分三大层次，第一层次为战略规划、理论政策研究层次；第二层次为产业规划、操作实践层次；第三层次为实用技术类层次，共分产业兴旺、生态宜居、乡风文明、治理有效、生活富裕等版块。第三层次以广大农民为主要读者对象，以农业农村农民为主题，充分考虑农民群众的科技文化需求，力求农民群众读得懂、有实效。

指导性强：从内容来说，本系列丛书系统、全面，既重视理论、政策方面的研究与解读，也重视农村基层的实际需求，探索了操作实践路径，同时收纳了可操性较强的实用案例，参考性和指导性都十分强。

《乡村振兴系列丛书》旨在新形势下探讨乡村治理体系和治理能力现代化提升，通过有效路径，全面推进云南乡村振兴，为云南省农业发展、生产经营、农业科技提供帮助，为农业产业发展升级和农业产业链构建提供理论支撑，为云南省委、省政府的乡村振兴发展部署提供理论研究、法律支持和信息参考。

希望全省的“三农”专家、学者在省委、省政府的领导下，围绕云南全面推进乡村振兴的重大热点、难点问题，深入推进云南乡村振兴的理论研究、政策解读、路径探索等工作，为省委、省政府的决策提供依据、当好参谋，为云南的乡村全面振兴提供智力支持，为云南的农业、农村、农民现代化作出新的、更大的贡献。

《乡村振兴系列丛书》编委会

前　言

乡村振兴是包括乡村产业振兴、人才振兴、文化振兴、生态振兴、组织振兴的全面振兴。党的二十大作出全面建设社会主义现代化国家，最艰巨、最繁重的任务仍然在农村的重要研判；提出要全面推进乡村振兴，要坚持农业农村优先发展，坚持城乡融合发展，畅通城乡要素流动；加快建设农业强国，扎实推动乡村产业、人才、文化、生态、组织振兴。其中，生态振兴是乡村振兴的重要支撑。乡村振兴，生态宜居是关键。良好的生态环境是农村的最大优势和宝贵财富。要坚持人与自然和谐共生，走乡村绿色发展之路，让良好生态成为乡村振兴支撑点。因此，实现乡村全面振兴，务必加快推进乡村生态振兴。

为了让大家对乡村生态振兴有一个全面的了解，本书分为六讲——背景之讲、理论之讲、政策之讲，及其云南乡村生态振兴的现状之讲、路径之讲，最后是案例之讲。

每一讲都试图从绿色发展的角度出发，以生态宜居为目标，追求绿色、低碳、循环发展。制订绿色规划，发展绿色产业，践行生态文明，依靠绿水青山作为乡村生态发展的底色，依靠生态宜居作为乡村生态发展的主色，保护美丽乡村的“颜值”，提升美丽乡村的“气质”。让绿色成为乡村生态振兴的本色。

“背景之讲”主要阐释乡村生态的绿色目标；

“理论之讲”主要阐释乡村生态的逻辑起点；

“政策之讲”主要阐释乡村生态的制度保障；

“现状之讲”主要阐释乡村生态的大旱云霓；

“路径之讲”主要阐释乡村生态的柳暗花明；

“案例之讲”主要阐释乡村生态的本地之光。

以期通过这六讲的学习，领导干部，政策研究者、学习者和相关人员能有所裨益。

目录

第一讲　背景之讲

第一节　研究背景

党的十九大报告提出乡村振兴战略，乡村生态振兴是乡村振兴的重要内容和支撑，是乡村五个振兴（产业振兴、人才振兴、文化振兴、生态振兴、组织振兴）之一。实施乡村生态振兴战略，就是要坚持人与自然和谐共生，坚持“绿水青山就是金山银山”理念，以“良好的生态环境是最普惠的民生福祉”为引领，坚持保护生态、节约资源、污染治理、乡村宜居、环境优美的方针，统筹山水林田湖草沙系统治理，促进乡村生态环境绿色发展。

新阶段，党的二十大提出推动绿色发展，促进人与自然和谐共生。必须牢固树立和践行“绿水青山就是金山银山”的理念，站在人与自然和谐共生的高度谋划发展[①]。以美丽中国建设为目标，以“山水林田湖草沙一体化保护和系统治理”为主线，统筹产业结构调整、污染治理、生态保护、应对气候变化，协同推进降碳、减污、扩绿、增长，推进生态优先、节约集约、绿色低碳发展[②]。

乡村生态振兴是实现乡村未来可持续发展的关键。乡村生态振兴建设是实现农民内在素质和乡村外在环境的有机统一，是人与自然关系的重新塑造，也是农村地区经济可持续发展的重要组成部分。当前，生态环境污染严重，由乡村生态文明建设管理不当而产生的环境危机问题日益显现，农民在生产生活中随意使用自然资源和不合理使用农药等导致乡村生态不断恶化，而引发社会、经济、制度等层面的问题。基于解决云南乡村当前生态问题的需要，深入探讨乡村生态问题，进一步解决乡村生态矛盾，把云南省的乡村建设成生态宜居、环境优美、人文和谐的家园。本书先论述关于乡村生态振兴的理论：“两山”理论、生态文明理论、绿色发展理论、可持续发展理论、循环经济理论、产业经济学理论、公共治理理论，再论述我国党和国家领导人对有关生态文明的论述，重点论述习近平生态文明思想，为云南乡村生态振兴路径作铺垫。通过对当前的乡村生态文化建设、乡村生态产业建设、乡村人居环境建设、

①② 习近平在中国共产党第二十次全国代表大会上的报告：《高举中国特色社会主义伟大旗帜为全面建设社会主义现代化国家而团结奋斗》。

乡村生态体制机制建设现状的分析，为云南省乡村生态振兴建设提供发展思路。

第二节　研究意义

在乡村振兴背景下推动乡村生态振兴，特别是推动云南省生态文化、生态产业、生态体制具有深远的影响和意义。

一、理论意义

从理论意义上看：

（一）乡村生态振兴有助于丰富乡村振兴的理论成果

党的十九大报告提出乡村振兴战略，农业农村农民问题是关系国计民生的根本性问题，必须始终把解决好“三农”问题作为全党工作重中之重。要坚持农业农村优先发展，按照产业兴旺、生态宜居、乡风文明、治理有效、生活富裕的总要求，建立健全城乡融合发展体制机制和政策体系，加快推进农业农村现代化。由此可见，生态宜居是乡村振兴战略中的重要一笔，通过对乡村生态振兴的解读，有助于完善乡村振兴战略实践。

（二）乡村生态振兴是满足人民生态宜居的有力保障

乡村生态振兴对实现农业可持续发展、改善乡村居住环境、加强乡村生态修复、改善村容村貌、建立市场多元化生态补偿机制具有重要意义。对云南省乡村生态振兴的研究，有助于深化人们对“绿水青山就是金山银山”理念、绿色发展理念、“人与自然和谐共生”理念的认识，以便促进云南乡村走可持续发展道路。

二、现实意义

从现实意义上看：

（一）乡村生态振兴有助于实现云南绿色可持续发展

乡村生态振兴着力于降低成本、减少污染、减少耗能、提升效率，通过绿色可持续发展助力乡村经济增长。通过规范化肥、农药在农事活动中的使用，推进农业循环发展；规范农村生活垃圾综合处理，加强农村生活环境治理；合理规划农村资源有效利用，推动实现生态资源价值；夯实农村基础设施建设，助力云南乡村绿色可持续发展。

（二）乡村生态振兴有助于云南壮大生态产业，扩宽农民致富渠道

发展壮大云南乡村生态产业，发展乡村林下经济、生态旅游、森林康养、花卉苗木等特色产业，通过多元化形式壮大生态产业发展，扩宽农民致富渠道，对缩小城乡差距、减少城乡居民收入差距、助力乡村振兴具有重要意义。

（三）乡村生态振兴有助于从云南地方经验提取普遍模式，为我国其他地区乡村生态建设提供借鉴

本书主要对云南省乡村生态建设的现状、出现的问题及解决办法进行论述，最后以云南各地方特色案例结尾，从云南特色发展模式中提取普遍模式，对其他地区乡村生态振兴发展具有一定的借鉴意义。

（执笔人：杨怡　谭鑫）

第二讲　理论之讲

第一节　乡村生态振兴之内涵

一、生态

生态指生物在一定的自然环境下生存和发展的状态，也指生物的生理特性和生活习性，以及它们之间和它们与环境之间环环相扣的关系。生态 (Eco-) 一词源于古希腊字，意思是指家 (House) 或者我们的环境。生态学的产生最早也是从研究生物个体而开始的。如今，生态学已经渗透到各个领域。不同文化背景的人对“生态”的定义不同，多元的世界需要多元的文化，正如自然界的“生态”追求物种多样性，以此来维持生态系统的平衡发展。

本书中所涉及的生态是指人与生态环境之间，以及生物与生态环境之间的相关关系。整个云南省相当于中国这个大生态系统中的子系统，在云南省空间范围内，生活在云南省的居民和生存环境构成统一整体，在这个统一整体中，人类、动植物与环境之间相互影响、相互制约，并在一定时期内处于相对稳定的动态平衡状态。在云南省的生态系统中，生物和环境之间的关系错综复杂，人类主要生活在以城市和农田为主的人工生态系统中，人类的生产生活活动会对生态系统产生影响，起初这些影响并不显著，生态系统会自动调节，但由于人类长期对生态系统产生影响，从而导致动态平衡崩溃，许多基础物质生态系统循环中断，这给人类的生产生活敲响了警钟。由于人类活动造成乡村生态环境遭到破坏而无法可持续发展的现象显现，我们需要人为干预制止更危险的现象出现，所以本书从云南省乡村现状出发，分析云南省乡村生态存在的困境及原因，为云南省乡村生态振兴添砖加瓦。

二、乡村生态

乡村生态是一个复合词，由“乡村”和“生态”两个词组成。生态的含义笔者已在前面有所体现，在这里着重介绍“乡村”一词。

“乡村”含义的界定。在不同地域，乡村的含义有所不同，国内、外乡村含义就有着明显的差别。乡村是一个区域的概念，在《汉语大辞典》中[①]，乡村可以理解为一种地域概念，具体的释义为主要从事农业、人口分布较城镇分散的地方；在我国，乡村是指乡村地区人类各种形式的居住场所（村落或乡村聚落），乡村一般风景宜人、空气清新，较适合人群居住，民风淳朴。英国政府对乡村有着明确的定义，即 1 万名以上的居民聚集地即为城镇，其余地区为乡村[②]。

不同学科对乡村的定义也不同：

（1）基于地理空间的定义。乡村社会地理学家加雷斯・刘易斯（Gareth Lewis）认为：乡村是聚落形态由分散的农舍到能够提供生产和生活服务功能的集镇所代表的地区。维伯・莱（G.P. Wibberley）认为“乡村”这个词指的是一个国家的某些地区，显示出当前或者最近或者过去中粗放地利用的土地，而且清楚知道土地的使用轨迹的迹象[③]，简单来说就是表示土地利用的不同类型。地理学中的乡村定义是一个空间的概念，是一个空间地域系统，乡村指代一切城市以外的区域，更严格来说是指城市建成区以外的地区，与作为一个产业部门的农业有本质的差异[④]。

（2）基于生态特征的定义。生态学中的乡村则更侧重于从人口空间区分，特指规模较小、相对独立、人口较少的乡村聚落，聚落之间相隔较远。这个定义是基于城乡之间差异，如人口密度、景观特征、土地利用等，定义中暗含了乡村与城市生产之间的差异，乡村大都以农业为主。从生态构成上，则从城乡相互作用的角度出发，乡村是指乡村居民与外界联系相对困难，与城市联系不频繁、受城市影响较小的地区。乡村的生态学定义建立的前提是假设社会形态（Social form）可被认为是人类文化适应环境特征的产物，并为人类的适应所修正[⑤]。以生态特征定义乡村是发达国家习惯性的使用方法，但被许多社会学者批判其具有局限性，主要质疑是城乡差别是指社会结构和功能的差异，只局限于生态环境太局限，乡村既是人类聚居环境的基本细胞，也是中国绝大部分人口的主要聚居地区[⑥]。

（3）基于功能特征的定义。描述乡村功能特征时，要与城市相区别，乡村的功能是城市所没有的，而这种功能又是社会发展不可或缺的，所以发挥乡村功能是乡村振兴最应该关注的地方，也是乡村生态振兴应有的体现。农村区域中从事农业生产的人称为农民，这些人居住活动的空间称为乡村聚落。这个定义是基于乡村的功能属性，认为农业生产是农村存续的基础和前提条件，农村之所以称为农村，是因其农业的特征功能。在描述乡村的功能性时，

---

① 何明珠：《河北省乡村生态振兴研究》，《河北经贸大学学报》2021 年。

② 邓位：《英格兰乡村规划与保护》，《风景园林》2020 年第 27 卷，第 3 期，86-90 页。

③ Guy M. Robinson. *Conflict and Change in the Countryside*（USA: Belhavan Press, 1990）。

④ 张小林：《乡村概念辨析》，《地理学报》1998 年第 4 期，365-371 页。

⑤ 周游：《广东省乡村规划体系框架的构建研究》，《华南理工大学学报》2016 年。

⑥ 刘滨谊、陈威：《中国乡村景观园林初探》，《城市规划汇刊》2000 年第 6 期，66-68 页。

认为乡村的特征是基于土地利用的结构（特别是农业和林业），聚落结构（低级的小型定居点和一种“广泛的景观”），从而形成一种与广泛景观有着特殊的身份联系的生活方式特征[①]。

（4）基于人类和社会学的定义。除去地理空间方面的差异，在人类学和社会学方面，关于乡村的定义也不同，着重从城乡居民生产生活差异和社会文化差异来定义。这个定义是基于乡村社会形态，居民之间的联系及人们所遵循的传统道德标准和风俗习惯，习惯性地以家族为核心，以血缘为纽带。Cloke（2006）认为“乡村性”（Rurality）中附加着社会构造的概念，关注“社会空间的独特性”，乡村性可以用“乡村性的社会文化结构和自然的相互关联，与在这些空间中的现实生活体验和生活实践”来定义[②]。

充分理解“乡村”和“生态”的含义后，乡村生态就很容易理解。就当代中国社会而言，“乡村生态”这一概念具体是指城市化进程尚未推进，且农业经济占地区经济总量较大比例的地区，人们物质条件的满足与该区域内植被、生物、水源、空气等生态环境指标密切相关。良好的乡村生态应是各项环境指标被控制在合理的范围之内，而乡村居民与生态环境之间形成一种和谐相处的关系[③]。本书的“乡村生态”研究范围从地域上可以界定为云南省非城市化区域，即生产力落后，人口密度相对较低、规模较小，以农业生产为主要生产方式，人居生活环境区别于城市的地区。研究内容从人居生活环境、生活状态上界定为整个云南乡村的自然生态与居民生产生活息息相关的自然环境之间的相关关系。

三、乡村生态振兴

2017年，党的十九大报告中首次提出乡村振兴战略，指出：“农业农村农民问题是关系国计民生的根本性问题，必须始终把解决好‘三农’问题作为全党工作重中之重。要坚持农业农村优先发展，按照产业兴旺、生态宜居、乡风文明、治理有效、生活富裕的总要求，建立健全城乡融合发展体制机制和政策体系，加快推进农业农村现代化。”习近平总书记关于乡村振兴战略的这段重要论述，将“生态宜居”作为总体要求的一项着重强调，体现出生态振兴对于乡村振兴的重要意义。现阶段，云南省农业农村发展面临着人与自然、社会系统与自然生态系统之间矛盾突出的问题，须将生态文明建设全面融入乡村振兴各项工作中去，努力构建人与自然的和谐关系。表2-1是乡村振兴战略提出的路径及时间节点。

本书论述的乡村生态振兴是五个振兴（乡村产业振兴、乡村人才振兴、乡村文化振兴、乡村生态振兴、乡村组织振兴）之一。乡村生态振兴是乡村振兴战略的重要支撑。乡村振兴，生态宜居是关键。良好生态环境是农村最大优势和宝贵财富。要坚持人与自然和谐共生，走乡村绿色发展之路，让良好生态成为乡村振兴支撑点。

本书的乡村生态振兴主要包括云南省乡村生态基本现状：乡村生态文化建设、乡村生态

①② Cloke P.,Mooney P.H. and Marsden,T. *The Handbook of Rural Studies* (Sage:London, 2006:20-21)。

③ 周游：《广东省乡村规划体系框架的构建研究》，《华南理工大学学报》2016年。

产业建设、乡村人居环境建设、乡村生态体制机制建设；乡村生态存在问题：主题层面、经济层面、文化层面、制度层面；乡村生态振兴路径。

云南省乡村生态振兴的具体要求有：①全面加强云南乡村生态系统保护与修复；②加快云南发展农业绿色循环经济；③加快推动云南农村生产生活绿色发展；④合理改善云南乡村宜居生态环境。这四个方面相互依赖、相辅相成、互为整体、相互促进，是共同实现美丽乡村必不可少的一部分。从云南省目前社会发展来看，经济和生态两者之间既相互矛盾又相互促进，经济发展是人类社会发展中的必然追求，生态环境是经济发展中必须考虑的。离开生态环境单纯地去抓经济发展，不仅不会成功，反而会使经济发展远离既定的目标，经济可持续发展更无从谈起。同样，离开经济发展讲生态，也不会有真正的发展。

过去，云南省乡村发展普遍走粗放型增长道路，在取得一定经济效益的同时破坏了生态环境，给自然环境造成了不可逆的伤害。随着乡村振兴战略的落实，绿色农业发展逐步推广，乡村生态产业日益成规模，乡村自然资源逐步落实整理，乡村成为繁荣经济的后生动力。云南省实施乡村生态振兴战略：

（1）必须摒弃人定胜天的思维方式和做法，充分认识自然规律及人与自然关系，按照人与自然和谐发展的要求，在生产力布局、城镇化发展、重大项目建设中都要充分考虑自然条件和资源环境承载能力，把生态文明建设融入经济社会发展全过程。

（2）坚持发展是硬道理。发展是硬道理的本质要求就是坚持科学发展。云南要牢牢扭住“科学发展”这个主题，紧紧抓住“转变经济发展方式”这个主线，着力把握发展规律，加快转变经济发展方式，大力推进绿色发展、循环发展、低碳发展，努力建成资源节约型、环境友好型、生态文明型社会，奋力走向社会主义生态文明新时代。

（3）坚持科学发展观。科学发展观的核心是以人为本。把生态文明建设融入经济社会发展全过程，既有利于转变发展方式、破解发展难题、促进科学发展，又有利于增强经济发展后劲、提高人民生活质量。实现人与自然和谐发展，是实现好、发展好、维护好最广大人民群众根本利益的生动诠释。

（4）要统筹兼顾。科学发展观的基本要求是全面协调可持续，根本方法是统筹兼顾。既要加快经济发展，建设物质文明，又要推动政治建设，发展社会主义政治文明；既要建设经济强国，又要建设社会主义文化强国；既要金山银山，建设繁华云南，又要绿水青山，建设美丽云南。

表 2-1　乡村振兴战略提出的路径及时间节点

时间	内容
2017 年 10 月 18 日	党的十九大报告首次提出乡村振兴战略，指出农业农村农民问题是关系国计民生的根本性问题，必须始终把解决好“三农”问题作为全党工作的重中之重，实施乡村振兴战略。

续表 2-1

时间	内容
2017 年 12 月 29 日	中央农村工作会议首次提出走中国特色社会主义乡村振兴道路，让农业成为有奔头的产业，让农民成为有吸引力的职业，让农村成为安居乐业的美丽家园。
2018 年 1 月 2 日	2018 年中央一号文件对实施乡村振兴战略进行了全面部署，实施乡村振兴战略，是解决人民日益增长的美好生活需要和不平衡不充分的发展之间矛盾的必然要求，是实现“两个一百年”奋斗目标的必然要求，是实现全体人民共同富裕的必然要求。
2018 年 3 月 8 日	习近平总书记提出“五个振兴”的科学论断，即乡村产业振兴、乡村人才振兴、乡村文化振兴、乡村生态振兴、乡村组织振兴。这是习近平总书记对实施乡村振兴战略目标和路径的明确指示，必将极大推进乡村振兴工作。
2018 年 5 月 31 日	中共中央政治局审议《乡村振兴战略规划（2018—2022 年）》，明确到 2020 年全面建成小康社会时和 2022 年召开党的二十大时的目标任务，细化、实化乡村振兴的工作重点和政策举措。具体部署重大工程、重大计划、重大行动，确保文件得到贯彻落实，政策得以执行落地。

第二节　乡村生态振兴之理论

一、“两山”理论

2005 年习近平同志赴安吉余村考察时首次提出“绿水青山就是金山银山”，即“两山”理论，“两山”理论是习近平生态文明思想重要成果，也是马克思主义中国化中自然观的重要成果。

“两山”理论经历了三个阶段。第一个阶段是用绿水青山去换金山银山；第二个阶段是既要金山银山也要绿水青山；第三个阶段是绿水青山本身就是金山银山。表 2-2 是习近平同志关于“两山”理论的形成过程。“绿水青山就是金山银山”理念，内涵丰富，博大精深，既表明了经济发展与生态环境之间的关系，又指明了未来乡村发展方向，以及如何衡量经济和生态的平衡关系。其理论既融合了中华民族传统文化，还包含着人类普遍生态价值，深刻阐述了保护环境就是保护生产力。“两山”理论中的绿水青山就是指我们的生态环境，金山银山是指经济发展，只讲金山银山而不顾绿水青山是一种不可持续的发展，牺牲绿水青山换取金山银山更是不可取的做法。一味坚持金山银山会使生态和经济陷入恶性循环，最终生态和经济都陷入贫困境界。因此，我们应高度重视绿水青山和金山银山的关系，探索云南乡村可持续绿色发展道路。

表 2-2 习近平同志关于“两山”理论的形成过程

时间	文件 / 地点	内容
2005 年	安吉余村考察	“绿水青山就是金山银山。”
2005 年	《绿水青山也是金山银山》	“如果能够把这些生态环境优势转化为生态农业、生态工业、生态旅游等生态经济的优势，那么绿水青山也就变成了金山银山。绿水青山可带来金山银山，但金山银山却买不到绿水青山。绿水青山与金山银山既会产生矛盾，又可辩证统一。”
2006 年	《从“两座山”看生态环境》	“我们追求人与自然的和谐、经济与社会的和谐，通俗地讲，就是要‘两座山’：既要金山银山，又要绿水青山。这‘两座山’之间是有矛盾的，但又可以辩证统一①。”
2013 年	《弘扬人民友谊　共创美好未来》	“我们既要绿水青山，也要金山银山，宁要绿水青山，不要金山银山，而且绿水青山就是金山银山②。”
2014 年	十二届全国人大二次会议贵州代表团审议	“绿水青山和金山银山绝不是对立的，关键在人，关键在思路。绿水青山既是自然财富，又是社会财富、经济财富③。”
2015 年	十二届全国人大三次会议江西代表团审议	“环境就是民生，青山就是美丽，蓝天也是幸福。要像保护眼睛一样保护生态环境，像对待生命一样对待生态环境④。”
2016 年	全国“两会”黑龙江省代表团审议	“绿水青山是金山银山，黑龙江的冰天雪地也是金山银山⑤。”
2017 年	—	“增强绿水青山就是金山银山的意识”写进《中国共产党章程》。
2018 年	第八次全国生态环境保护大会	“绿水青山就是金山银山”是新时代推进生态文明建设的六大原则之一，“牢固树立和践行‘绿水青山就是金山银山’理念，事关经济社会发展全局，事关广大人民福祉⑥”。

① 习近平：《之江新语》，浙江人民出版社，2013，186-187 页。

②③④ 中共中央文献研究室：《习近平关于社会主义生态文明建设论述摘编》，中央文献出版社，2017 年。

⑤ 霍小光：《习近平参加黑龙江代表团审议：冰天雪地也是金山银山》。http://www.xinhuanet.com/politics/2016-03/07/c_128779874.htm. 访问日期：2022 年 4 月 30 日。

⑥ 习近平：《推动我国生态文明建设迈上新台阶》，《求是》2019 年第 2 期。

续表 2-2

时间	文件 / 地点	内容
2019 年	京津冀协同发展座谈会	“坚持绿水青山就是金山银山的理念，强化生态环境联建联防联治。要增加清洁能源供应，调整能源消费结构，持之以恒推进京津冀地区生态建设，加快形成节约资源和保护环境的空间格局、产业结构、生产方式、生活方式。”
2020 年	习近平总书记在云南考察时提出	“要树牢绿水青山就是金山银山的理念，驰而不息打好蓝天、碧水、净土三大保卫战。”
2021 年	内蒙古代表团审议	“你提到的这个生态总价值，就是绿色 GDP 的概念，说明生态本身就是价值。这里面不仅有林木本身的价值，还有绿肺效应，更能带来旅游、林下经济等。‘绿水青山就是金山银山’，这实际上是增值的。”
2022 年	2022 年世界经济论坛视频会议	“中国坚持绿水青山就是金山银山的理念，推动山水林田湖草沙一体化保护和系统治理，全力以赴推进生态文明建设，全力以赴加强污染防治，全力以赴改善人民生产生活环境。”

二、生态文明理论

生态文明，是人类社会一种新的文明形态，是指人类在经济社会活动中遵循自然发展规律、经济发展规律、社会发展规律、人自身发展规律，积极改善和优化人与自然、人与人、人与社会之间的关系，为实现经济社会的可持续发展所作的全部努力和所取得的全部成果。

（一）从中国生态文明建设实际来说

党的十五大报告中明确指出：要“实施科教兴国战略和可持续发展战略”“正确处理经济发展同人口、资源、环境的关系。资源开发和节约并举，把节约放在首位，提高资源利用效率”。已经初步显现生态文明思想。

党的十六大报告中，强调要走“生产发展、生态富裕、生态良好”的文明发展道路，并将其确定为建设小康社会的四大目标之一。

党的十七大报告中，首次将生态文明建设写入党代会报告，并作出关于生态文明建设的重大战略，提出“建设生态文明，基本形成节约能源资源和保护生态环境的产业结构、增长方式、消费模式”，并把它作为全面建设小康社会的一项新要求、新任务，到 2020 年使我国成为生态良好的国家。

党的十八大报告中，再次论述“生态文明”，并独立成篇。以习近平同志为核心的党中央把生态文明建设作为统筹推进“五位一体”总体布局和协调推进“四个全面”战略布局的重要内容，谋划开展了一系列根本性、开创性、长远性工作，推动生态环境保护发生历史性、转折性、全局性变化。

党的十九大报告中，明确指出我们要建设的现代化是人与自然和谐共生的现代化，既要创造更多物质财富和精神财富以满足人民日益增长的美好生活需要，也要提供更多优质生态产品以满足人民日益增长的优美生态环境需要。为生态文明建设指明了发展方向。

党的十九届四中全会对生态文明制度体系和生态建设问题进行了深刻阐释，提出坚持和完善生态文明制度体系，促进人与自然和谐共生。

党的十九届五中全会对生态文明建设和生态环境保护做出重大决策部署，明确提出二〇三五年“美丽中国建设目标基本实现”的社会主义现代化远景目标和“十四五”时期“生态文明建设实现新进步”的新目标新任务。

党的十九届六中全会审议通过《中共中央关于党的百年奋斗重大成就和历史经验的决议》，强调像保护眼睛一样保护生态环境，像对待生命一样对待生态环境，更加自觉地推进绿色发展、循环发展、低碳发展，坚持走生产发展、生活富裕、生态良好的文明发展道路。生态文明建设是关乎中华民族永续发展的根本大计，是我们一直需要坚持和发展的。

（二）从学术角度研究来说

王雨辰[①]等人以生态危机为切入点，探究西方国家生态价值思潮，立足于是什么、为什么、怎么做形成后发国家生态文明理论。赵绍敏[②]结合马克思主义生态文明思想理论，结合中国实际论述中国特色生态文明理论道路。郭展新[③]从我国整体为切入点研究党的十六大以来生态文明建设和生态政策，采用综合分析法，将历史考察和现实考察相结合，探索经济发展和环境保护相平衡的策略，加深对生态文明理论全面和深刻的理解。樊晶晶[④]以生态贫困为切入点，探索榆林地区生态可持续发展路径。在国外，关于生态文明理念没有统一标准，相关概念描述也有不同见解。美国学者 Morrison R 给“生态文明”下了明确的定义[⑤]。Balchindorjieva O.B 结合中国实际，通过中国生态环境现状和现有的理论得出建设生态文明是中国的必行道路[⑥]。Ulrich Brand 研究全民生活方式，得出要进行全民生活转型，选择生态绿色发展方式才是可持续发展道路[⑦]。

总的来说，国内外关于生态文明理论论述都有着深层次的思考，当前迫于环境压力的云南更应该重视生态文明建设，坚持人与自然生命共同体，人类必须尊重自然、顺应自然、保

---

① 王雨辰、王永星：《论后发国家生态文明理论的建构与基本特点》，《中国地质大学学报（社会科学版）》2016 年第 16 卷，第 6 期，1-9 页，第 152 页。

② 赵绍敏：《坚持和发展马克思主义的生态文明理论》，《科学社会主义》2010 年第 6 期，125-128 页。

③ 郭展新：《十六大以来党的生态文明理论与政策研究》，《陕西师范大学学报》2012。

④ 樊晶晶：《生态文明理论视阈下榆林地区生态贫困问题研究》，《西安建筑科技大学学报》2016。

⑤Morrison R：*Ecological Civilization*， *South End Press*, 1995:11.

⑥Balchindorjieva O.B：*Ecological civilization and Chinese philosophy*，*Gumanitarium* 2016(1):47-48.

⑦Ulrich Brand. “Beyond Green Capitalism: Social－Ecological Transformation and Perspectives of a Global Green-Left，” *Fudan Journal of the Humanities and Social Sciences*, 2016,9(1):101-105.

护自然。要建设的生态文明是人与自然和谐共生的生态文明。

三、绿色发展理论

党的十八大以来，习近平总书记反复强调绿色发展的重要性，绿色发展是新发展理念的重要组成部分，注重解决人与自然和谐问题，是以人与自然的和谐共生为价值取向，以绿色低碳循环为主要原则，以生态文明建设为基本抓手，最终实现经济社会发展和生态环境保护的协调统一。绿色发展理念不但是构建高质量发展现代化经济体系的必然要求，也是对传统发展理念和思路的历史性创新。

在党的十八届五中全会上正式提出绿色发展理念，中国化进程可追溯到中华人民共和国成立时期。中华人民共和国成立初期，毛泽东同志提出了“绿化祖国”的号召。改革开放时期，邓小平同志提出“植树造国、绿化祖国、造福后代”的战略思想；江泽民同志明确提出科学发展观建设资源友好型、环境友好型社会；胡锦涛同志提出坚持节约优先、保护优先、自然恢复为主的方针，着力推进绿色发展、循环发展、低碳发展，形成节约资源和保护环境的空间格局。中国特色社会主义新时代，习近平同志提出面向未来，中国将贯彻创新、协调、绿色、开放、共享的发展理念，实施一系列政策措施，大力发展清洁能源，优化产业结构，构建低碳能源体系，发展绿色建筑和低碳交通，建立国家碳排放交易市场等，不断推进绿色低碳发展，促进人与自然相和谐。

我国对于绿色发展理论的重视体现了对经济发展规律认识的深化，推动了国家经济的健康发展。侯伟丽①认为绿色发展就是在保障自然资本可持续性的前提下，更多地以人造资本代替环境和自然资本，提高物质和能源的使用效率，使经济增长逐步向低原材料消耗、低能耗的方向转变。薄海②通过对我国欠发达地区的分析，提出绿色发展要发挥自身优势，坚持经济与环境兼顾，积极调整产业结构，要走生态环境可持续发展的道路。方世南③从人与自然和谐共生的视角领悟绿色发展的要义是解决好人与自然和谐共生问题。

总而言之，国家在发展的同时也要注重生态文明的建设和绿色发展理论，绿色发展理论体现了保护生态环境就是保护生产力，改善生态环境就是发展生产力的理念。在现今绿色发展的基调下，云南省也要为保护生态作出积极的贡献，努力保护好云南良好的生态环境，守护好云岭大地，共建美丽云南。

---

① 侯伟丽：《21 世纪中国绿色发展问题研究》，《南都学坛》2004 年，111-115 页。

② 薄海：《国经济欠发达地区绿色发展的理论依据及现实路径》，《经济研究导刊》2017 年，6-8 页。

③ 方世南：《大力推进人与自然和谐共生的现代化》，《鄱阳湖学》2017 年，7-13 页，第 127 页。

四、循环经济理论

循环经济理论是一种以尊重自然规律为前提的经济发展模式，虽然属于经济活动但实际上是资源的循环。强调废物减量化、资源化和无害化，使经济和环境和谐发展，维护生态平衡，实现资源高效利用。关鑫[①]认为循环经济就是生态经济，运用生态经济规律来指导经济活动。田玉川[②]将传统经济与循环经济作比较，得出发展循环经济不仅可以有效地解决生态问题，还能实现人与自然的永续发展。循环经济的本质属性是经济性，其外延是社会、环境与经济的关系。

“十三五”时期，我国循环经济发展成效显著，党的十八大将发展循环经济作为推进生态文明的重要途径。“十三五”时期国家也将继续大力发展循环经济，国家发展改革委印发《“十四五”循环经济发展规划》中明确指出：到2025年，循环型生产方式全面推行，绿色设计和清洁生产普遍推广，资源综合利用能力显著提升，资源循环型产业体系基本建立。云南省虽然自然资源丰富，但是发展程度较低。经济的发展依赖自然资源，循环经济的发展还处于初期，导致云南省的生态环境问题日益严峻，发展循环经济刻不容缓。

五、产业经济学理论

产业经济学理论是以“产业”为研究对象，主要包括产业结构、产业组织、产业发展、产业布局和产业政策等。产业的安全与国家经济的安全息息相关。在古代，“重农抑商”和“农本工商末”的理论就反映了早期我国对农业和工商业这两个经济组织的认识。我国学者学习借鉴西方产业经济学理论及研究成果，结合我国经济和产业发展实际，逐步形成并构建了具有中国特色的产业经济学理论框架，中国产业经济学注重理论与实践、理论与政策的紧密结合，学科的应用性、实践性特点明显。在新时代的背景下，习近平总书记指出我国的经济已经从高速增长阶段发展到高质量发展阶段。要想推动经济高质量发展，必须调整优化产业结构，建设创新引领、协同发展的产业体系，同时也对中国发展特色产业经济学提出了新的要求。云南省要重塑云烟工业、旅游业、云南有色金属产业新优势；打好“绿色能源牌”“绿色食品牌”“健康生活目的地牌”“三张牌”；打造八大重点产业，构建现代化产业体系。云南省要致力于发展产业经济，推动云南高质量发展，为顺利实现全面小康社会提供有力的支持和保障。

六、可持续发展理论

随着经济的发展，环境也在不断地恶化。为了满足当代人的需求又不损害后代的利益，联合国环境署理事会第十五届会议指出，可持续发展是指既满足当代人的需求而又不对后代

① 关鑫：《循环经济理论基础是生态经济》，《青春岁月》2014年，第447页。
② 田玉川：《传统经济和循环经济的理论研究》，《山西农经》2019年，34-35页。

人满足其需求构成危害的发展。陈月英[①]从广义和狭义上对可持续发展理论进行定义，广义上，她认为可持续发展就是指在充分考虑时间和空间状态基础上的自然—经济—社会系统的协调持续发展；狭义上，则可以理解为资源和环境的持续发展。金珉丞[②]认为可持续发展就是人类能动调控人、自然、社会、经济、文化的复合系统，是指和谐协调、持续性发展，并以人的全面自由发展为终极价值目标的一种生态化实践方式。

我国为了长远利益应将可持续发展作为规划的首要原则。中国政府编制了《中国 21 世纪人口、资源、环境与发展白皮书》，首次把可持续发展战略纳入我国经济和社会发展的长远规划。1997 年的中共十五大将可持续发展战略确定为我国“现代化建设中必须实施”的战略。2002 年，中共十六大把“可持续发展能力不断增强”作为全面建设小康社会的目标之一，将内涵扩大到社会、生态和自然三个层面，为可持续发展理论贡献了中国力量。可持续发展既是环境问题也是经济问题、社会问题。归结起来，可持续发展理论就是强调人与自然和谐相处，是全人类的共同选择。云南省在发展农业的同时要保护好环境，实行资源的有效利用，走可持续发展的道路，实现社会经济的可持续发展。

七、公共治理理论

公共治理理论是需要公众广泛参与和开放公共管理结合的治理模式，具有主体多元化、方式多样化及依据多面化的特征。首先，主体多元化是指治理的主体不仅有国家还要有其他的不同的自治团体、协会等，鼓励社会组织的广泛参与。其次，方式多样化是指在遵照先市场、后社会、再政府的方式，利用其使用方式，增强地区的自治能力，以此来实现治理方式的多元化。再次，依据多面化是不应只遵照国家法律，还应包括社会共同体形成的规则和协议。陈韵妃[③]通过对公共治理的前沿进行分析，认为公共管理在社会范围内产生影响的对象主要还是公共事务，而不同性质的公共事务，则会产生不同的公共管理模式，具有动态性。中国的公共治理理论是公共治理体系和政府管理的有机统一，是经济、政治、社会、文化和生态文明“五位一体”的体制建设，超越了传统单一的经济体制建设。云南省是一个拥有众多少数民族的地区，面对复杂的社会治理难题，更应该构建一个共建共治共享的社会治理体系，保证社会的稳定和民族的团结。

---

① 陈月英：《可持续发展理论综述》，《长春师范学院学报》2000 年 53-55 页，第 28 页。

② 金珉丞：《论可持续发展的伦理》，《现代营销（学苑版）》2011 年，第 10 页。

③ 陈韵妃：《我国公共管理理论研究的前沿问题探讨》，《商情》2017 年，第 293 页。

第三节 我国党和国家领导人对有关生态文明的论述

一、毛泽东同志关于生态文明的论述

在中华人民共和国成立之初，毛泽东同志在《论十大关系》中指出："天上的空气，地上的森林，地下的宝藏，都是建设社会主义所需要的重要因素。"以毛泽东同志为核心的党的第一代领导人，对生态环境整体的重视，发掘生态环境问题后及时总结经验，为探索中国特色环境保护道路奠定了良好的发展基础，形成了极具中国特色的生态文明思想。

（一）林业兴国

毛泽东同志认为林业问题可以作为要研究的实业问题之一。曾利等人将毛泽东同志的林业建设归纳为"发出'绿化祖国'的号召，发展林业、发动群众植树造林、尊重规律，科学发展林业三个方面[①]"。中华人民共和国成立之后战争对我国的生态环境造成了严重的破坏，毛泽东同志意识到"这件事情（绿化）对农业，对各方面都有利"[②]，并且结合本国实际情况提出了大力推进植树造林，对森林覆盖面积作出规划，实现真正绿化，通过以上举措，使河北塞罕坝变为绿色林海。

（二）水利治国

在中华人民共和国成立之初，党和政府就根据自身国情和人民的意愿，将水利建设列在恢复和发展国民经济的首位。早在 1934 年 1 月 23 日，毛泽东同志在江西瑞金召开的第二次全国工农代表大会上提出"水利是农业的命脉我们也应予极大的注意"的号召，提出"一定要根治淮河"；并于 1963 年 11 月 17 日写下了"一定要根治海河"的题词，坚定了人们治水的决心。毛泽东同志四次视察黄河，多次询问黄河流域的水土保持工作。由此看出毛泽东同志对国家水利工程的重视。

（三）环境保护

毛泽东同志的环境保护思想经历了一个由否定—肯定—重视的过程。中国在经历了"大

① 曾利、曹向兰、冯士琳:《论毛泽东林业建设思想》,《决策与信息（中旬刊）》2015 年第 7 期, 21-22 页。
② 中共中央文献研究室：《毛泽东文集（第六卷）》，人民出版社，1999 年，第 475 页。

跃进”等后，生态环境受到了严重的破坏，资源浪费现象严重，特别是 20 世纪 70 年代初大连海湾的严重污染事件，引起了毛泽东同志等第一代领导人的重视，认识到环境问题不仅存在于资本主义国家，也存在于社会主义国家。1973 年 8 月 5 日至 20 日，第一次全国环境保护会议在北京召开，部署了我国的环境保护工作，使我国的环境保护工作得到了发展[①]。

二、邓小平同志关于生态文明的论述

（一）重视林业建设

首先，保护生态环境。邓小平同志对于毛泽东同志的生态文明理论进行吸收并将其壮大，同样重视林业的发展，认为林业的发展对绿化工程具有重大影响，并取得了巨大的成果。在 1983 年 3 月，邓小平同志在参加义务植树时指出：“植树造林，绿化祖国，是建设社会主义、造福子孙后代的伟大事业，要坚持 20 年，坚持 100 年，坚持 1000 年，要一代一代永远干下去[②]。”并且重视“三北”防护林体系建设，提出了“防风固沙、蓄水保土”的建设理念，提高了“三北”地区的森林覆盖率，保持水土。不仅如此，他还发挥群众的力量一起提高森林的覆盖率，在他的倡议下，1981 年 12 月，第五届全国人民代表大会第四次会议通过了《关于开展全民义务植树运动的决议》，带领群众义务进行植树造林。并且邓小平同志首次提出利用退耕还林来解决水土流失问题，虽然未大范围推广，但是对之后的退耕还林政策具有深远的影响。其次，控制人口数量。邓小平同志强调，“人多是中国最大的难题”。中华人民共和国成立以来，社会逐渐稳定导致人口的增加，加大了环境的承载压力，导致资源匮乏，人均占有量少。因此，邓小平同志强调要减少生育来控制人口增长，早在 1953 年，他就明确倡导节制生育的思想。提出要通过立法的方式来有效地控制人口增长，要把计划生育当作一个战略问题来抓。并且提出了要提高人口素质，人口素质提高对增强环境保护的意识具有推动作用。

（二）适度开发和使用相结合

1. 能源的过度开发和使用

破坏了生态环境的平衡性，生态资源不断地被蚕食殆尽，导致很多地区的生态环境遭到了严重的破坏，引起了邓小平同志的高度重视。于是，邓小平同志提出要合理地开发资源和利用资源，保护能源，合理利用不可再生资源，对可再生资源——水资源进行开发利用，兴修水利，建造水电站。

---

① 王家变：《论毛泽东思想和邓小平理论对马克思生态文明思想的继承和发展》，《鄂州大学学报》2012 年第 19 卷，第 6 期，5-7 页。

② 国家环境保护总局、中共中央文献研究室：《新时期环境保护重要文献选编 》，中央文献出版社、中国环境科学出版社，2001 年，第 39 页。

2. 由于土地过度开发问题导致土地资源破坏

特别是在我国西北黄土高原地区植被覆盖率低，水土流失严重，邓小平同志提出要保护森林，强调要坚持森林开发与保护相结合，林区要边伐边育保持平衡，并且建议有蝗地方“可以只搞间伐，不搞皆伐，特别是大面积的皆伐[①]”。

（三）经济和环境协同发展

中华人民共和国成立以来，随着经济的发展，对环境的污染也日益加重，邓小平同志指出“自然环境保护等，都很重要”[②]，他发现不能以牺牲环境来发展经济，生态环境的破坏会影响人们的生存环境。他倡导经济和环境的协同发展，面对西北地区环境问题，指出：“我们计划在那个地方先种草后种树。把黄土高原变成草原和牧区，就会给人们带来好处，人们就会富裕起来，生态环境也会发生很好的变化。”[③] 可以看出，邓小平同志倡导在发展经济的同时也不能忽略生态环境的保护，只有良好的生态环境才能使经济持续发展，为之后的可持续发展理念奠定了基础。

（四）落实科技支撑和法治保障

1. 落实科技支撑

1983 年 1 月 12 日，邓小平同志与胡耀邦、万里等同志谈话时提道：“提高农作物单产，发展多种经营，改革耕作栽培方法，解决农村能源，保护生态环境等，都要靠科学[④]。”科技进步对生态环境的保护，以及提高资源的利用率都具有重要意义：①可以减小开发过程中对环境的破坏；②可以发展更多产业，不仅仅局限于简单的原材料的出售，可以发展加工产业，将资源的价值最大化；③有益于改善生态环境，修复已经被破坏的生态环境等作用。

2. 落实法律保障

邓小平同志主张通过法律来规范生态保护制度，他认为“制度好可以使坏人无法任意横行，制度不好可以使好人无法充分做好事，甚至会走向反面”[⑤]。邓小平同志在 1978 年 12 月主持中央工作会议闭幕会上的讲话中强调：“应该集中力量制定刑法、民法、诉讼法和其他各种必要的法律，例如工厂法、人民公社法、森林法、草原法、环境保护法、劳动法、外国人投资法等，经过一定的民主程序讨论通过，并且加强检察机关和司法机关，做到有法可依，有法必依，执法必严，违法必究。”[⑥] 通过政策对积极加入社会生态环境建设的人民进行奖励，

---

① 王剑锋：《邓小平生态文明建设思想的研究》，《管理观察》2009 年第 5 期，155-156 页。

② 邓小平：《邓小平文选（第 3 卷）》，人民出版社 ,1993 年。

③ 中共中央文献研究室：《邓小平思想年谱》，中央文献出版社 ,1998 年，112,156-158，196,239,240 页。

④ 冷溶、汪作玲：《邓小平年谱 · 1975—1997》，中央文献出版社 ,2004 年，第 882 页。

⑤ 邓小平：《邓小平文选（第 2 卷）》，人民出版社 ,1994 年，第 333 页。

⑥ 邓小平：《邓小平文选（第 2 卷）》，人民出版社 ,1994 年，163-164,260，276，30，146-147 页。

对破坏生态环境的行为进行惩罚，并将每年的 3 月 12 日设立为我国的植树节。

三、江泽民同志关于生态文明的论述

（一）要促进人和自然的协调与和谐

随着经济的不断发展，环境保护问题刻不容缓，江泽民同志的《论“三个代表”》在讲到人和自然的关系上，他强调，“要促进人和自然的协调与和谐，使人们在优美的生态环境中工作和生活，实施可持续发展战略，正确处理经济发展同人口、资源、环境的关系。努力开创生产发展、生活富裕和生态良好的文明发展道路”。诠释了人与自然的关系不应该是相对的，应该是统一的，发展经济不代表就要以破坏自然环境为代价，人类需要重视自然的保护。

（二）提出可持续发展战略

江泽民同志在党的十五大报告中又再一次明确指出：“中国是世界上鲜有的人口大国，但资源却严重缺乏，为了突破这一局面，必须大力推进和实施可持续发展战略[①]。”从中可以看出江泽民同志对生态环境的重视，认为发展经济不能以牺牲环境为代价，要立足于长远利益，才能延长经济的生命周期，实现经济的可持续发展。秉承这样的理念，他于十四届三中全会上提出：“在现代化建设中，必须把实现可持续发展作为一个重大战略。要把控制人口、节约资源、保护环境放到重要位置，使人口增长与社会生产力的发展相适应，使经济建设与资源、环境相协调，实现良性循环[②]。”这使我国生态文明理念上升了一个新的高度。

为了平衡经济与社会的关系，我国在 1996 年 3 月召开的中华人民共和国第八届全国人民代表大会第四次会议上通过了《中华人民共和国国民经济和社会发展“九五”计划和 2010 年远景目标纲要》，明确了今后十五年的奋斗目标和指导方针，实施科教兴国和可持续发展战略，在保护生态环境的同时促进国民经济持续健康的发展。

2002 年 3 月 10 日，江泽民同志在中央人口资源环境工作座谈会上的讲话中强调，“为了实现我国经济和社会的持续发展，为了中华民族的子孙后代始终拥有生存和发展的良好条件，我们一定要按照可持续发展的要求，正确处理经济发展同人口、资源、环境的关系，促进人和自然的协调与和谐，努力开创生产发展、生活富裕、生态良好的文明发展道路[③]”。表明了中国已经将可持续发展理念作为我国的重要发展理念之一，将环境保护放在了重要的位置上。

① 中共中央文献研究室：《江泽民论有中国特色社会主义（专题摘编）》，中央文献出版社，2002 年，第 279 页。
② 江泽民：《江泽民文选（全三卷）》，人民出版社，2016 年，第 150-162 页。
③ 江泽民：《江泽民文选（全三卷）》，人民出版社，2016 年，第 475 页。

（三）落实生态环境保护政策

1. 实施计划生育政策

鉴于我国是一个人口众多的国家，为了实现社会、经济、环境的协调发展，推进计划生育政策，并制定了《中华人民共和国人口与计划生育法》，控制人口增长、提高人口素质，并建立了计划生育奖励制度和保障政策，加大解决的力度，给实施计划生育的家庭提供保障。

2. 实行环境保护政策

运用法律手段严厉打击违反环境法的相关行为主体。主张改变产业结构、加强污染防治，使环境保护工作得到法律的保障，加大环境保护工作的力度。

（四）建设生态科技支撑体系

在邓小平同志“科学技术是生产力”重要论断的基础上，江泽民同志对科技亦是十分重视，在他看来，“科学技术是人类的伟大实践之一，是一种在历史上起推动作用的革命的力量[①]”。对此进一步提出：“全球面临的资源、环境、生态、人口等重大问题的解决，都离不开科学技术的进步[②]。”由此可以看出，科技的发展可以带动环境保护事业的发展。首先，科技提高生产力水平、新型的技术，可以将资源利用最大化。其次，科技改善环境，利用科学技术发展新能源，并通过对可再生能源的开发利用，切实减少资源的浪费。从上述可以看出科学技术进步对社会发展、经济发展和环境保护的重要性。

四、胡锦涛同志关于生态文明的论述

（一）深入贯彻落实科学发展观

2003 年，胡锦涛同志在十六届三中全会上提出，进一步完善社会主义市场经济体制、发展中国特色社会主义应该“坚持以人为本，树立全面、协调、可持续的发展观，促进经济社会和人的全面发展”[③]。科学发展观是结合了马克思主义及先前的生态文明理论并基于我国国情下提出的。作为我国的战略思想，提出了科学发展的要求，其中就包括生态的科学发展。

2007 年，胡锦涛同志在党的十七大报告中明确提出了“科学发展观”的概念，并对其基本范畴和方法路径做了解析，即“科学发展观，第一要义是发展，核心是以人为本，基本要求是全面协调可持续，根本方法是统筹兼顾[④]”。进一步对科学发展观的内涵进行了阐述，为我们正确认识和处理人与自然的关系提供了强大的思想武器。

---

①② 江泽民：《论科学技术》，中央文献出版社，2001 年，第 2 页。

③ 中共中央文献研究室：《十六大以来重要文献选编（上）》，中央文献出版社，2005 年，82-83 页。

④ 胡锦涛：《高举中国特色社会主义伟大旗帜为夺取全面建设小康社会新胜利而奋斗——在中国共产党第十七次全国代表大会上的报告》，人民出版社，2007 年，第 15 页。

（二）构建资源节约型、环境友好型社会

（1）构建资源节约型社会。为了获得良好的生活环境，2004 年，胡锦涛同志在中央人口资源环境座谈会的讲话中第一次正式提出要建立资源节约型国民经济体系和资源节约型社会，要结合环境的承载力和自然规律来合理进行资源开发和利用，减少能源的浪费。2007 年，胡锦涛同志在党的十七大报告中再一次提出，必须把建设资源节约型、环境友好型社会放在工业化、现代化发展战略的突出位置，落实到每个单位、每个家庭[①]。

（2）构建环境友好型社会。2012 年，在党的十八大报告中胡锦涛同志对生态文明的内涵做了精准的科学阐述："必须树立尊重自然、顺应自然、保护自然的生态文明理念。"从中可以看出要构建环境友好型社会，实现人和自然的和谐发展。综上所述，构建"两型"社会是结合我国国情提出的，从中可以看出国家对"两型"社会建设的重视。

（三）走中国特色新型工业化道路

胡锦涛同志指出坚持走中国特色新型工业化道路，是加快转变经济发展方式的重要途径，是全面建设小康社会的必然要求，是提高我国综合国力和国际竞争力的重要保障，表明了中国特色新型工业化道路对中国发展的作用。胡锦涛同志还提出"六个推进"，表明中国要坚定不移地走科技含量高、经济效益好、资源消耗低、环境污染少、人力资源优势得到充分发挥的新型工业化路子。这是一条极具中国特色的新型工业化道路。

第四节　习近平生态文明思想

一、"生态兴则文明兴"的深邃历史观

早在 2003 年，时任浙江省委书记的习近平同志，就在《求是》杂志上发表署名文章，提出了"生态兴则文明兴，生态衰则文明衰"这一重要论断，科学回答了自然生态与人类文明之间的关系，深刻揭示两者命运与共、兴衰相依的规律。生态文明是工业文明发展到一定阶段的产物，古今中外以来，生态环境的变化直接影响文明的兴衰演替，就以玛雅文明的衰亡来进行分析，衰亡原因就是由于人口的不断增长，过度开垦导致森林资源受到严重破坏，导致土壤侵蚀加剧，表土被冲入湖泊，湖泊堵塞导致无水灌溉、无地可种的现象，食物严重

① 中共中央文献研究室：《十七大以来重要文选选编（上）》，人民出版社，2009 年。

匮乏导致一个世界文明宣告崩溃。

由此可见，人类也是生态的一部分，所有生态都和人类的生活息息相关，如果地球生态消亡，人类也随之灭绝。生态安全不仅影响国家政治、经济、文化、制度等各行业各领域的安全，并且生态安全与生态文明发展程度和进度将直接决定社会主义现代化强国建设的高度和厚度，没有现代化生态文明的实现，就没有现代化的社会主义强国的建成，中华民族伟大复兴之梦的现实进程也将事倍功半[①]。

二、“坚持人与自然和谐共生”的科学自然观

在前人多次强调人与自然的关系的基础上，随着经济不断发展，工业化水平的提高，人们在利用自然、改造自然的同时也要尊重自然、保护自然，实现人与自然和谐共存。习近平总书记进一步阐明了人与自然的关系，提出“人与自然是生命共同体”，将自然置于人同等的地位来看待。打破了“生态中心主义”和“人类中心主义”将“人—自然”对立起来的思维框架的局限，认为良好的生态环境是人和社会持续发展的基础。说明人源于自然，依赖于自然，人类要协调好人与自然的关系，加强生态文明的宣传，推进生态文明建设稳步进行；面临日益加重的生态环境问题、生物多样性及数量在逐年减少的现状，习近平总书记提出生物多样性关系人类福祉，并对不同的生态环境问题作出不同指示。

（一）面对高原脆弱的生态环境

2016 年 8 月，习近平总书记在青海考察时谈道：“青海独特的生态环境造就了世界上高海拔地区独一无二的大面积湿地生态系统，是世界上高海拔地区生物多样性、物种多样性、基因多样性、遗传多样性最集中的地区，是高寒生物自然物种资源库[②]”。

（二）面对长江、黄河流域生物多样性的锐减

2019 年 9 月，黄河流域生态保护和高质量发展座谈会召开，习近平总书记在讲话中强调应当坚持系统观念、因地制宜，“黄河生态系统是一个有机整体，要充分考虑上中下游的差异”“下游的黄河三角洲是我国暖温带最完整的湿地生态系统，要做好保护工作，促进河流生态系统健康，提高生物多样性[③]”。

2020 年 11 月，习近平总书记在主持全面推动长江经济带发展座谈会时谈道：“要加强生态环境系统保护修复。要从生态系统整体性和流域系统性出发，追根溯源、系统治疗，防

---

① 张瑞才、李达：《论习近平生态文明思想的理论体系》，《当代世界社会主义问题》2022 年第 151 卷，第 1 期，3-11 页。

② 中共中央文献研究室：《习近平关于社会主义生态文明建设论述摘编》，中央文献出版社,2017 年。

③ 习近平：《在黄河流域生态保护和高质量发展座谈会上的讲话 (2019 年 9 月 18 日)》，《 求是》2019 年第 20 期，第 9 页。

止头痛医头、脚痛医脚[①]。”说明了推动长江经济带发展是党中央作出的重大决策，关系国家发展全局重大战略；建立了国家公园体制，保护关键区域的生物多样性。习近平总书记认为中国实行国家公园体制，可以实现保持自然生态系统的原真性和完整性的目的，并且保护生物多样性，保护生态安全屏障，给子孙后代留下珍贵的自然资产。

三、“绿水青山就是金山银山”的绿色发展观

人们对于经济发展和环境保护的认识经历了由绿水青山去换金山银山转变为既要金山银山，也要绿水青山，再到绿水青山就是金山银山理论的形成。习近平总书记强调，要充分利用生态环境的优势发展生态产业，“那么绿水青山也就变成了金山银山”，同时“绿水青山可带来金山银山，但金山银山却买不到绿水青山[②]”。从中可以看出两者是不可分割的，并不是发展经济就一定要以破坏环境为代价，也不是要为了保护而停止发展经济，而是要利用正确的发展方式。

在浙江工作期间，习近平总书记就指出：“绿水青山可以带来金山银山，但金山银山却买不到绿水青山。绿水青山与金山银山既会产生矛盾，又可辩证统一[③]。”通过这一论断，表明了人类的生产生活对于生态环境的破坏是不可逆的，以自然环境来换取经济发展的方式是不可取的。

2013 年，习近平总书记又进一步将“两山”理念进行完善，提出了“我们既要绿水青山，也要金山银山。宁要绿水青山，不要金山银山”[④]等重要讲话。表明要将绿水青山放在第一位，并且也表明了我国保护环境的决心，我们要生长在绿水青山下，走持续发展的道路。

四、“良好生态环境是最普惠的民生福祉”的生态民生观

我国坚持以人为本，发展经济是为了提高人民的生活水平，保护环境也是为了给人民创造一个良好的生存环境。习近平总书记指出：“要从民生角度考虑生态文明建设，要营造良好的生态环境，让广大人民群众享受最普惠的民生福祉[⑤]。”从这个论断可以看出，习近平总书记重在为人民谋福利，并且道出了建设生态文明社会的必要性。

人们对美好生活的向往是党的奋斗目标，人民对于美好生活的向往不仅包括物质和精神方面，还包括对美好生态环境的向往。现如今生态环境问题加重，为了保护生态稳定民生，习近平总书记指出：“人民对美好生活的向往，就是我们党的奋斗目标[⑥]。”充分体现了我

① 习近平：《在全面推动长江经济带发展座谈会上强调贯彻落实党的十九届五中全会精神 推动长江经济带高质量发展》，《人民日报》2020 年 11 月 16 日第 1 期。

② 习近平：《之江新语》，浙江人民出版社，2017 年，第 153 页。

③ 习近平：《之江新语》，浙江人民出版社，2007 年，第 153 页。

④ 习近平：《关于社会主义生态文明建设论述摘编》，中央文献出版社，2017 年，第 21 页。

⑤ 习近平：《习近平谈治国理政（第一卷）》，外文出版社，2014 年，209 页。

⑥ 习近平：《习近平谈治国理政》，外文出版社，2014 年，第 4 页。

国对人民利益的重视，并且考虑到长远利益。将生态和民生关联到一起，明确了我国的发展目标，满足了人民的生态需要，提高了人民的幸福感，做到了真正的为人民谋福利、为民族谋复兴，充分体现了共产党的初心和使命。

总而言之，习近平总书记反复强调，要将生态环境治理作为一项重要的民生工程来推进，目的是要让广大人民群众在提高生活环境质量的同时，享受到优美的自然环境。

五、“山水林田湖草沙是生命共同体”的整体系统观

山水林田湖草沙是组成生态环境的要素，习近平总书记提出：“用途管制和生态修复必须遵循自然规律，如果种树的只管种树、治水的只管治水、护田的单纯护田，很容易顾此失彼，最终造成生态的系统性破坏[①]。”“人的命脉在田，田的命脉在水，水的命脉在山，山的命脉在土，土的命脉在树[②]。”这说明了人与山水林田湖草沙组成了一个有机的整体，体现了马克思主义中的世界万物都是相互联系的观点。任何一个环节都有可能影响整体的平衡，而人类与地球共处，实践活动会对环境造成影响，两者的关系是相互制约的，而不是人类凌驾于自然之上。“生命共同体”思想体现了整体论的生态思维，是马克思主义中国化的体现，反映了人与自然和谐共生的理念。在此思想之上，习近平总书记进一步提出要实施重大生态修复工程，促进生态系统的可持续发展。

习近平总书记在 2018 年 5 月 18 日至 19 日召开的全国生态环境保护大会上强调推进新时代生态文明建设必须坚持“山水林田湖草是生命共同体”等六大原则，指出“山水林田湖草是生命共同体，要统筹兼顾、整体施策、多措并举，全方位、全地域、全过程开展生态文明建设”。

习近平总书记在中国特色社会主义进入新时代的大背景下提出的“山水林田湖草是生命共同体”是实现中华民族永续发展的千年大计，指导我国生态文明建设取得了巨大的成就。

六、“实行最严格生态环境保护制度”的严密法治观

2007 年，在党的十七大报告中第一次提出建设生态文明，生态文明不仅是一个概念，而变成了一件落在实处的事，是现今党和政府的工作重心所在。

党的十八大以来，习近平总书记从坚持和发展中国特色社会主义、实现党和国家长治久安的战略高度定位法治、布局法治、厉行法治，创造性提出关于全面依法治国一系列新理念、新思想和新战略，形成了习近平法治思想。并在 2015 年，将法制融合在生态保护中，国务院出台的《关于加快推进生态文明建设的意见》中就对生态文明建设方面的问题给予了解决的意见和方法。

---

① 中共中央文献研究室：《习近平关于社会主义生态文明建设论述摘编》，中央文献出版社，2017 年，8，12-13，21，24，33-34，47，55-56 页。

② 习近平：《习近平谈治国理政：第一卷》，外文出版社，2014 年，第 85 页。

（一）要完善法律体系，做到依法治理

习近平总书记强调了处理好生态环境保护与经济发展的关系，做到保护环境的同时发展经济就需要坚持法制，要完善生态保护机制，做到有法可依，为合理规划国土空间树立了生态红线，利用底线思维来促进资源和环境的保护，在制度上给予生态充分保护。

（二）要利用法律的手段严肃打击破坏生态环境的行为，重视法律宣传工作，鼓励大众参与

在党的十九大报告中提出要让群众共同参加生态环境保护治理，提升群众的积极性，鼓励群众积极参与生态环境的保护；最后要大力宣传生态法制化，让更多老百姓能够全面了解法律法规及生态环境保护的重要性。

七、“共同建设美丽中国”的全民行动观

习近平总书记在多次参加义务植树活动的讲话中都蕴含着“强化公民环境意识，把建设美丽中国化为人民自觉行动”的重要理念，其中，在2015年4月参加首都义务植树活动时提出：“植树造林是实现天蓝、地绿、水净的重要途径，是最普惠的民生工程。要坚持全国动员、全民动手植树造林，努力把建设美丽中国化为人民自觉行动。”由此可以看出，我们要自觉把建设美丽中国当作自身的义务和责任，要清楚明白建设美丽中国既需要政府自上而下的制度设计，也需要群众自下而上的全民行动。

习近平总书记的全民行动观不仅是一种环境治理的智慧，也是一种生活方式的转型，更意味着一种生态文明建设的主人翁意识，从政府到社会，从党员到普通群众，自觉投身到建设美丽中国，形成人人参与、人人共享的强大合力。

八、“共谋全球生态文明建设之路”的共赢全球观

当今世界正处于百年未有之大变局，人类社会既充满希望，又充满挑战。世界多极化、经济全球化、文化多样化及社会信息化深入发展，和平与发展仍是时代主题。同时，全球深层次矛盾突出，不稳定性、不确定性增多，建设更加美好的世界，是各国人民的共同愿望。

（一）坚持生态治理多边主义

中国倡导坚持环境友好，合作应对气候变化，保护好人类赖以生存的地球家园，习近平总书记呼吁：“宇宙只有一个地球，人类共有一个家园。”“地球是人类唯一赖以生存的家园，珍爱和呵护地球是人类的唯一选择[①]。”充分表明生态问题不仅仅是一个国家的问题，而是世界各国共同面临的重大问题，要统筹各国力量协同保护环境，一起走绿色发展的道路。

---

① 中央宣传部（国务院新闻办公室）、中共中央文献研究室、中国外文局：《习近平谈治国理政（第2卷）》，外文出版社，2017年，第538页。

党的十八大以来，习近平总书记提出："各国人民同心协力，构建人类命运共同体，建设持久和平、普遍安全、共同繁荣、开放包容、清洁美丽的世界。"① 说明中国始终秉承多边主义，倡导共同保护。其中，习近平总书记在党的十九大报告中明确指出，中国与世界各国一道广泛地开展气候变化的国际合作，在推进这一工作的过程中，中国要积极贡献智慧方案和成功经验。由此看出，中国作为最大发展中国家，自觉承担责任，塑造负责任大国的国际形象，倡导要推进全球生态治理体系建设，共谋全球生态文明建设之路。

（二）坚持人类命运共同体

人类与地球处于同一共同体之中，维持地球生态系统的多样性，人类才能永续生存发展，人类的活动可以对生态环境产生正面影响，只有构建人类命运共同体的世界，人类才能发挥积极作用以此来改善生态环境，发挥主观作用推动生态环境的修复和治理。

九、关于建立健全生态文明体系

生态文明建设是关系中华民族永续发展的根本大计。习近平总书记在全国生态环境保护大会上强调："要加快构建生态文明体系，加快建立健全以生态价值观念为准则的生态文化体系，以产业生态化和生态产业化为主体的生态经济体系，以改善生态环境质量为核心的目标责任体系，以治理体系和治理能力现代化为保障的生态文明制度体系，以生态系统良性循环和环境风险有效防控为重点的生态安全体系。"通过建立严格的生态文明体系，让生态价值观和生态文化扎根于群众心中，使生态文明理论在推动人类与自然和谐发展的同时也推进经济社会协调发展，使生态文明理论落到实地、深入人心，规范人们实践行为，推进经济可持续、协调发展。

（一）加快建立健全以生态价值观念为准则的生态文化体系

人的价值观影响人的行为活动，要建设生态文明，必须树立一个正确的价值观，不能盲目地追求经济发展而忽略环境问题。习近平总书记指出："我们一定要彻底转变观念，就是再也不能以国内生产总值增长率来论英雄了，一定要把生态环境放在经济社会发展评价体系的突出位置。如果生态环境指标很差，一个地方一个部门的表面成绩再好看也不行，不说一票否决，但这一票一定要占很大的权重。"

生态文化是生态文明建设的灵魂。良好的生态文化体系包括人与自然和谐发展，共存共荣的生态意识、价值取向和社会适应。习近平总书记指出，要加快建立健全以生态价值观念为准则的生态文化体系。树立尊重自然、顺应自然、保护自然的生态价值观，把生态文明建设放在突出地位，才能从根本上减少人为对自然环境的破坏。我们在处理人与自然的关系时，要坚守生态价值观，坚持"以人为本"的原则，并把这一原则贯穿到生态文化体系建设的全

① 习近平：《决胜全面建成小康社会 夺取新时代中国特色社会主义伟大胜利——在中国共产党第十九次全国代表大会上的报告》，人民出版社，2017 年，58-59 页。

过程。尊重自然、保护自然，最终也是为了人类自身的生存与发展。对于普通老百姓来说，每天喝上干净的水，呼吸新鲜的空气，吃上安全放心的食品，生活质量越来越高，过得既幸福又健康，这就是百姓心中的梦。

建立健全以生态价值观念为准则的生态文化体系要大力倡导生态伦理和生态道德，提倡先进的生态价值观和生态审美观，注重对广大人民群众的舆论引导，在全社会大力倡导绿色消费模式，引导人们树立绿色、环保、节约的文明消费模式和生活方式。只有当低碳环保的理念深入人心，绿色生活方式成为习惯，生态文化才能真正发挥出它的作用，生态文明建设就有了内核。

（二）加快建立健全以产业生态化和生态产业化为主体的生态经济体系

习近平总书记指出，要加快建立健全以产业生态化和生态产业化为主体的生态经济体系。保护生态环境就是保护生产力，改善生态环境就是发展生产力。只有坚持正确的发展理念和发展方式，才可以实现百姓富、生态美的有机统一。要构建以产业生态化和生态产业化为主体的生态经济体系，深化供给侧结构性改革，坚持传统制造业改造提升与新兴产业培育并重、扩大总量与提质增效并重、扶大扶优扶强与选商引资引智并重，抓好生态工业、生态农业、抓好全域旅游，促进一二三产业融合发展，让生态优势变成经济优势，形成一种浑然一体、和谐统一的关系。

（三）加快建立健全以改善生态环境质量为核心的目标责任体系

构建目标责任体系，是中国特色社会主义制度特征和优势的集中体现。生态环保目标落实得好不好，领导干部是关键，要树立新发展理念、转变政绩观，就要建立健全考核评价机制，压实责任、强化担当。要建立责任追究制度，特别是对领导干部的责任追究制度。对那些不顾生态环境盲目决策、造成严重后果的人，必须追究其责任，而且应该终身追究，真抓就要这样抓，否则就会流于形式。

习近平总书记指出："要针对决策、执行、监管中的责任，明确各级领导干部责任追究情形。对造成生态环境损害负有责任的领导干部，不论是否已调离、提拔或者退休，都必须严肃追责。各级党委和政府要切实重视、加强领导，纪检监察机关、组织部门和政府有关监管部门要各尽其责、形成合力。一旦发现需要追责的情形，必须追责到底，绝不能让制度规定成为'没有牙齿的老虎'。"

（四）加快建立健全以治理体系和治理能力现代化为保障的生态文明制度体系

党的十八届三中全会以来，体现"源头严防、过程严管、后果严惩"思路的生态文明制度的"四梁八柱"基本形成，改革落实全面铺开。习近平总书记指出，要加快建立健全以治理体系和治理能力现代化为保障的生态文明制度体系。保护生态环境必须依靠制度、依靠法治。只有实行最严格的制度、最严密的法治，才能为生态文明建设提供可靠保障。

（1）要全面建立生态文明建设体系，要加强生态文明与经济社会融合起来。

（2）要建立健全一体化生态修复、保护和监管制度体系，实现对生态修复的统一监管、评估。

（3）要建立健全农村环境治理的制度体系，以加快相关职能调整进程为前提、优化重点任务牵头责任部门为重点、增强落实基层的管理为核心，推动生态环境质量实现全局性、历史性、根本性突破。

（4）要建立健全全民参与的行动制度体系，设立激励机制和奖惩机制鼓励人民积极投身生态文明建设中去。

（五）加快建立健全以生态系统良性循环和环境风险有效防控为重点的生态安全体系

生态系统的良性循环是生态平衡的基本特征，是生态安全的标志，也是人与自然和谐的象征。建设美丽中国，就是要让中华大地上各类生态系统具有合理的规模、稳定的结构、良性的物质循环、丰富多样的生态服务功能。

当前，我国仍处于环境风险高峰平台期，长期积累的生态破坏、环境污染对人民群众生产生活造成严重影响的事件高发频发。我国生态安全体系建设，必须牢固树立底线思维，把生态环境风险纳入常态化管理，系统构建全过程、多层级生态环境风险防范体系。

（1）降低生态系统退化风险，通过实施国土空间管制和生态红线制度、采取生态系统修复和保护措施，确保物种和各类生态系统的规模和结构的稳定，提升生态服务功能水平。

（2）防范和化解生态环境问题引发的社会风险，维护正常生产生活秩序。

（执笔人：余雨薇　杨怡　谭鑫）

第三讲　政策之讲

第一节　乡村生态振兴之国家政策

一、《国家乡村振兴战略规划（2018—2022 年）》生态振兴解读

（一）《国家乡村振兴战略规划（2018—2022 年）》中加快生态振兴的总体要求

《国家乡村振兴战略规划（2018—2022 年）》明确了加快生态振兴的指导思想、目标任务和工作原则。

1. 指导思想

《国家乡村振兴战略规划（2018—2022 年）》强调，牢固树立和践行绿水青山就是金山银山的理念，坚持尊重自然、顺应自然、保护自然，统筹山水林田湖草系统治理，加快转变生产生活方式，推动乡村生态振兴，建设生活环境整洁优美、生态系统稳定健康、人与自然和谐共生的生态宜居美丽乡村。

2. 目标任务

《国家乡村振兴战略规划（2018—2022 年）》明确加快乡村生态振兴的目标任务：①农村基础设施条件持续改善，城乡统一的社会保障制度体系基本建立。②农村人居环境显著改善，生态宜居的美丽乡村建设扎实推进。③城乡融合发展体制机制初步建立，农村基本公共服务水平进一步提升。

3. 工作原则

坚持人与自然和谐共生。牢固树立和践行绿水青山就是金山银山的理念，落实节约优先、保护优先、自然恢复为主的方针，统筹山水林田湖草系统治理，严守生态保护红线，以绿色发展引领乡村振兴。

（二）《国家乡村振兴战略规划（2018—2022 年）》中生态振兴的重点领域

实现生态振兴是实施乡村振兴战略的重要任务。《国家乡村振兴战略规划（2018—2022 年）》坚持问题导向，针对基层实践迫切需要，突出重点，对农业绿色发展、农村人居环境、乡村生态保护与修复进行针对性部署。

1. 要推动农业绿色发展

以生态环境友好和资源永续利用为导向，推动形成农业绿色生产方式，实现投入品减量化、生产清洁化、废弃物资源化、产业模式生态化，提高农业可持续发展能力。

2. 持续改善农村人居环境

以建设美丽宜居村庄为导向，以农村垃圾、污水治理和村容村貌提升为主攻方向，开展农村人居环境整治行动，全面提升农村人居环境质量。

3. 加强乡村生态保护与修复

大力实施乡村生态保护与修复重大工程，完善重要生态系统保护制度，促进乡村生产生活环境稳步改善，自然生态系统功能和稳定性全面提升，生态产品供给能力进一步增强。

（三）下一步贯彻落实《国家乡村振兴战略规划（2018—2022 年）》的安排部署

《国家乡村振兴战略规划（2018—2022 年）》细化实化工作重点和政策措施，部署若干行动与工程，关于乡村生态振兴的内容如下：

1. 农业绿色发展行动

（1）国家农业节水行动。将农业用水总量指标分解到各灌区。加强灌溉试验站网建设和灌溉试验，制定不同区域、不同作物灌溉用水定额。加强节水灌溉工程与农艺、农机、生物、管理等措施的集成与融合。

（2）水生生物保护行动。建立河海流域重点水域禁捕补偿制度，率先在水生生物保护区实现禁捕。引导和支持渔民转产转业，将渔船控制目标列入地方政府和有关部门约束性考核指标。继续清理整治“绝户网”和涉渔“三无”船舶。实施珍稀濒危物种拯救行动，形成覆盖各海区和内陆主要江河湖泊的水生生物养护体系。

（3）农业环境突出问题治理。扩大农业面源污染综合治理、华北地下水超采区综合治理、重金属污染耕地防控修复的实施范围。加强人工草地建设。

（4）农业废弃物资源化利用。在种养密集区域，探索整县推进畜禽粪污、秸秆、病死畜禽、农田残膜、农村垃圾等废弃物全量资源化利用。

（5）农业绿色生产行动。集成推广测土配方施肥、水肥一体化、机械深施等施肥模式，强化统防统治、绿色防控，集成应用全程农药减量增效技术。

2. 农村人居环境整治行动

（1）农村垃圾治理。建立健全村庄保洁体系，因地制宜确定农村生活垃圾处理模式，交通便利且转运距离较近的村庄可依托城镇无害化处理设施集中处理，其他村庄可就近分散处理。总结推广农村生活垃圾分类和资源化利用百县示范经验，基本覆盖所有具备条件的县（市）。到2020年，完成农村生活垃圾全面治理逐省验收。

（2）农村生活污水治理。有条件的地区推进城镇污水处理设施和服务向城镇近郊的农村延伸，在离城镇较远、人口密集的村庄建设污水处理设施进行集中处理，人口较少的村庄推广建设户用污水处理设施。开展生活污水源头减量和尾水回收利用。鼓励具备条件的地区采用人工湿地、氧化塘等生态处理模式。

（3）实施“厕所革命”。加快实施农村改厕，东部地区、中西部城市近郊区以及其他环境容量较小村庄，加快推进户用卫生厕所建设和改造，同步实施厕所粪污治理。其他地区要按照群众接受、经济适用、使用和维护方便、不污染公共水体的要求，普及不同水平的卫生厕所。推进农村新建住房及保障性安居工程等项目配套建设无害化卫生厕所，人口规模较大村庄配套建设公共厕所。

（4）乡村绿化行动。全面实施乡村绿化行动，严格保护乡村古树名木，重点推进村内绿化、围村片林和农田林网建设。

（5）乡村水环境治理。开展乡村湿地保护恢复和综合治理工作，整治乡村河湖水系，建设乡村湿地小区。以供水人口多、环境敏感的水源以及农村饮水安全工程规划建设的水源为重点，完成农村饮用水水源保护区（或保护范围）划定，加强农村饮用水水源地保护。采取综合措施，逐步消除农村黑臭水体，提升农村水环境质量。

（6）宜居宜业美丽乡村建设。以建设美、经营美和传承美“三美同步”推进为重点，选择一批具有建设条件的乡村，着力充实和拓展美丽乡村建设内容，积极引导社会资本多元化投入，健全美丽乡村建设成果共建共享机制，打造美丽中国的乡村样板。

3. 乡村生态保护与修复重大工程

（1）草原保护与修复。继续推进退牧还草、草原防灾减灾、鼠虫草害防治、严重退化沙化草原治理、农牧交错带已垦草原治理等重大工程，严格实施草原禁牧和草畜平衡制度，落实草原生态保护补助奖励政策。

（2）湿地保护与修复。全面加强湿地保护，在国际和国家重要湿地、湿地自然保护区、国家湿地公园实施湿地保护与修复工程，对功能降低、生物多样性减少的湿地进行综合治理。建成一批生态型河塘，开展湿地可持续利用工程示范。

（3）重点流域环境综合治理。加快推进重点流域水污染防治，对现状水质达到或优于Ⅲ类的湖库水体开展生态环境安全评估，强化湖泊生态环境保护，加强重点湖库蓝藻水华防控。

（4）荒漠化、石漠化、水土流失综合治理。通过因地制宜实施封育保护、小流域综合治理、坡耕地治理等措施，新增水土流失治理面积28万平方千米，建成一批生态清洁小流域。持续推进防沙治沙和荒漠化防治，完成石漠化治理面积28万公顷。

（5）农村土地综合整治。统筹开展农村地区建设用地整理和土地复垦，优化农村土地利用格局，提高农村土地利用效率。

（6）重大地质灾害隐患治理。完善调查评价、监测预警、综合治理、应急防治等地质灾害防治体系，实现山地丘陵区地质灾害气象预警预报全覆盖，全面完成山地丘陵区地质灾害详细调查和重点地区地面沉降、地裂缝和岩溶塌陷调查，完成已发现的威胁人员密集区重大地质灾害隐患工程治理。

（7）生物多样性保护。开展生物多样性调查和评估，摸清生物多样性家底；构建生物多样性保护网络，掌握生物多样性动态变化趋势。推进自然保护区保护管理能力建设，保护和改善濒危野生动物栖息地，积极开展拯救繁育和野化放归。加强极小种群野生植物生境恢复和人工拯救。

（8）兴林富民行动。优化资源要素配置，构建布局合理、功能完备、结构优化的林业产业体系、服务体系，建立一批标准化、集约化、规模化示范基地。加快智慧林业发展，推动林区网络和信息基础设施基本全覆盖，建设林业基础数据库、资源监管体系、新型林区综合公共服务平台。大力推进森林生态标志产品认证，建立森林生态产品品牌保证监督体系和产品追溯体系，建设森林生态产品信息发布和网上交易平台。

二、《中华人民共和国乡村振兴促进法》生态振兴解读

（一）《中华人民共和国乡村振兴促进法》出台的背景和意义

1. 出台背景

（1）党的十八大以来我国农业农村发展取得了非凡成绩，但城乡发展不平衡、农村发展不充分问题仍旧存在。

（2）我国关于乡村振兴立法短缺，会导致地方立法工作受到局限，地方期待国家统一立法。

2. 出台意义

《中华人民共和国乡村振兴促进法》的出台为全面实施乡村振兴战略提供有力法治保障，对促进农业全面升级、农村全面进步、农民全面发展，全面建设社会主义现代化国家，实现中华民族伟大复兴中国梦，具有重要意义。

（二）《中华人民共和国乡村振兴促进法》中加快生态振兴的总体要求

《中华人民共和国乡村振兴促进法》中第五章“生态保护”部分明确了加快生态振兴的工作原则和实施路径。

1. 工作原则

坚持人与自然和谐共生，统筹山水林田湖草沙系统治理，推动绿色发展，推进生态文明建设。

2. 实施路径

（1）健全重要生态系统保护制度和生态保护补偿机制，实施重要生态系统保护和修复工程，加强乡村生态保护和环境治理，绿化美化乡村环境，建设美丽乡村。

（2）鼓励和支持农业生产者采用节水、节肥、节药、节能等先进的种植养殖技术，推动种养结合、农业资源综合开发，优先发展生态循环农业。

（3）实施国土综合整治和生态修复，加强森林、草原、湿地等保护修复，开展荒漠化、石漠化、水土流失综合治理，改善乡村生态环境。

（4）建立政府、村级组织、企业、农民等各方面参与的共建共管共享机制，综合整治农村水系，因地制宜推广卫生厕所和简便易行的垃圾分类，治理农村垃圾和污水，加强乡村无障碍设施建设，鼓励和支持使用清洁能源、可再生能源，持续改善农村人居环境。

（5）建立健全农村住房建设质量安全管理制度和相关技术标准体系，建立农村低收入群体安全住房保障机制。建设农村住房应当避让灾害易发区域，符合抗震、防洪等基本安全要求。

（6）对农业投入品实行严格管理，对剧毒、高毒、高残留的农药、兽药采取禁用限用措施。农产品生产经营者不得使用国家禁用的农药、兽药或者其他有毒有害物质，不得违反农产品质量安全标准和国家有关规定超剂量、超范围使用农药、兽药、肥料、饲料添加剂等农业投入品。

（7）实行耕地养护、修复、休耕和草原森林河流湖泊休养生息制度。县级以上人民政府及其有关部门依法划定江河湖海限捕、禁捕的时间和区域，并可以根据地下水超采情况，划定禁止、限制开采地下水区域。

（三）《中华人民共和国乡村振兴促进法》中生态振兴的重点领域

1. 在改善乡村生态环境方面

国家健全重要生态系统保护制度和生态保护补偿机制，实施重要生态系统保护和修复工程，加强乡村生态保护和环境治理，绿化美化乡村环境。推广垃圾分类，对农业投入品实行严格管理。

2. 在发展生态农业发面

推动种养结合、农业资源综合开发，加强农业面源污染防治。实现“四节四化”：节水、节肥、节药、节能和农业投入品减量化、生产清洁化、废弃物资源化、产业模式生态化。

3. 在改善人居环境方面

建立共建共管共享机制，加强农村住房建设管理和服务。

（四）下一步贯彻落实《中华人民共和国乡村振兴促进法》的安排部署

1. 帮助农民树立生态自觉意识

理念是行动的先导，要实行农村生态保护措施，应以农民的生态自觉意识来引导农民的行为。要树立农民的生态自觉意识就要发挥农民的主体性。农村的生态保护实施主体是农民，以农民为中心，形成农村多元主体协同治理的格局，激发农民生态保护的积极性，培育农民的生态自觉保护意识。同时也要加强农村的宣传教育，由于农民的文化水平普遍较低，对生态环保意识的建立存在不足，要唤醒农民，让其知道生态环境的保护人人有责，农村生态环境保护要依靠农民主体，激发其主人翁意识。

2. 探索农村农业绿色发展模式

根据“绿水青山就是金山银山”的发展理念，要用现代化的科学手段来发展乡村农业，把乡村的劳动力和低成本优势挖掘起来，促进农村产业发展。

3. 大力发展绿色循环经济

挖掘乡村的文化底蕴、旅游风景资源、农牧文化资源等，发展旅游观光健康产业，既能建设金山银山，也能保护绿水青山。

4. 正确引导农民合理用药、科学施肥

开发推广和应用生物防治病虫害技术，介绍有机农药的使用量，研究采用多效抗虫害农药，发展低毒高效低残留新农药；改善灌溉方式和施肥方式，减少肥料流失，增加有机复合肥的施用。

第二节　乡村生态振兴之云南政策

一、云南农村“生活垃圾治理”政策

农村生活垃圾严重污染土壤和水环境，长时间积累会给乡村土地及动植物群落带来不可逆的伤害。农村垃圾治理影响到现阶段普遍性重视的固体废物处理大气污染治理的难题，它不仅影响着城乡经济的发展趋势，与此同时也危害着城乡经济。云南关于“农村生活垃圾治理”颁布了一系列的政策，助力农村环境绿色可持续发展。

（一）《云南省城镇生活垃圾分类和处理设施建设“十四五”规划》的解读

《云南省城镇生活垃圾分类和处理设施建设“十四五”规划》对生活垃圾处理的指导思想和基本原则：

1. 指导思想

以习近平生态文明思想和关于垃圾分类工作的系列重要批示指示精神为统领，立足新发展阶段、贯彻新发展理念、构建新发展格局，按照“政府主导与全民参与、依法治理与规划引领、突出重点与全面实施、科学分类与因地制宜、城乡统筹与系统治理”相结合的原则，

将生活垃圾分类作为节约资源和保护环境基本国策的实际行动和改善人居环境、促进绿色可持续发展的重要举措，加快建立分类投放、分类收集、分类运输、分类处理的生活垃圾处理系统，落实城市人民政府主体责任，逐年提高生活垃圾分类制度覆盖范围和生活垃圾减量化、资源化、无害化处理水平。着力提高人民群众的生活垃圾分类和资源节约意识，倡导简约适度、绿色低碳的生活方式，形成人与自然和谐发展的现代化建设新格局。

2. 基本原则

（1）坚持统筹规划。

（2）坚持分类方向。

（3）坚持因地制宜。

（4）坚持市场导向。

（5）坚持多方共治。

（6）坚持创新驱动。

（二）《云南省城镇生活垃圾分类和处理设施建设“十四五”规划》出台后存在的问题

1. 设施能力不能满足经济社会发展需要

一是“十四五”期间，云南省城镇化水平仍将处于相对较快上升阶段，城镇人口的持续增加和人民物质生活水平的不断提高，使城镇生活垃圾产生量仍将呈现增长态势。二是随着云南省爱国卫生专项行动、乡村振兴和农村人居环境综合整治工作推进，农村生活垃圾逐步纳入城镇生活垃圾处理系统，对设施能力提出了新的要求，原有收运设施已无法满足需要。

2. 生活垃圾资源化利用率有待提升

虽然近年来云南省垃圾焚烧设施能力迅速提升，厨余垃圾处理设施建设也取得了一定成效，但仍难以满足垃圾资源化利用要求。同时，云南省生活垃圾可回收物回收利用企业“小、散、乱、污”，回收利用水平低的局面仍未实现根本扭转。

3. 现有收转运和处理体系难以满足分类工作要求

垃圾分类是生活垃圾的基本发展方向，云南省过去长期形成的垃圾收转运和处理体系都是按照垃圾混合处理要求进行建设的，不符合垃圾分类投放、分类收集、分类运输和分类处理要求。同时厨余垃圾分类效果不佳，处理后的肥料消纳途径存在障碍，设施稳定运行难、处理成本高。

4. 区域发展不平衡状况仍旧突出

虽然云南省城镇生活垃圾收转运和处理设施建设取得了显著成效，但地区间发展差距依然较大，制约了云南省城镇生活垃圾分类处理的整体水平。

5. 存量填埋设施对生态环境构成潜在威胁

受经济社会发展和技术水平限制，过去云南省生活垃圾处理以填埋为主，建设了一大批原生垃圾填埋设施，部分设施环保标准较低，建设和运营管理水平不高，渗滤液大量蓄积不达标排放情况突出，填埋作业不规范、防渗系统功能缺陷、填埋气收集导排处置不安全等问题普遍存在，造成各类环境污染事件频发，对周边水环境、土壤环境和大气环境构成较大威胁。

6. 项目建设及运营资金压力大

随着电价补贴政策的调整，新建项目审批主要取决于地方能否支付垃圾处理费用，再由电网确认该项目是否能纳入中央基金补贴清单并获得相应补贴，垃圾焚烧发电项目的补贴确权下放至省级或由电网企业统筹管理，极有可能导致新增项目获得补贴的比例减少，加大了垃圾处理项目的长期支付风险，影响企业投资。同时云南省地方财政薄弱，配套资金能力弱，项目建设和运营资金压力大。

7. 体制机制仍存在不协调、不健全等问题

一是环卫市场开放程度仍有待进一步提升，部分地区垃圾前端收集运输、填埋设施运营管理等领域仍未真正实现市场化、专业化运作方式。二是居民生活垃圾减量化激励机制尚不健全，居民生活垃圾分类计价、计量收费机制尚不完善，垃圾处理费征收难度大，收缴率及收费标准普遍偏低，主要由地方政府承担垃圾处理的成本支出，地方财政补贴压力较大。三是第三方服务市场监管机制不健全，低于成本价中标、权责不清晰或不对等、治理信息公开不及时、监管不到位等情况时有发生。四是标准规范体系不完善，垃圾分类相关标准缺失，缺少厨余垃圾收费运营相关指导意见，渗滤液达标纳管排放存在标准障碍。五是垃圾跨区域清运及处理实施难，跨区域协同处置机制不顺畅。六是设施建设“邻避”效应突出，土地等资源要素配置与设施建设需求存在差距，尚未形成破除邻避问题的长效机制。

（三）下一步贯彻落实《云南省城镇生活垃圾分类和处理设施建设“十四五”规划》的安排部署

1. 加快完善垃圾分类设施体系

建立健全生活垃圾分类制度体系；完善生活垃圾分类投放设施建设；完善生活垃圾分类收集转运设施体系。

2. 全力推进生活垃圾焚烧设施建设

合理规划垃圾焚烧设施布局；持续推进焚烧处理能力建设；全面提升焚烧设施处理水平。

3. 有序开展厨余垃圾处理设施建设

因地制宜选择适宜的处理技术路线；大力推进厨余垃圾处理设施建设；积极探索多元化可持续运营模式。

4. 规范垃圾填埋处理设施建设

适度规划建设兜底保障填埋设施；规范库容已满填埋设施封场治理；推动“邻避”型填埋处理设施向新型功能区转变；提升既有填埋设施运营管理水平。

5. 健全可回收物资源化利用体系

统筹规划分拣处理中心；推动可回收物资源化利用设施建设；进一步规范可回收物利用产业链。

6. 建立大件垃圾循环利用体系

“十四五”期间，全省各县（市、区）应根据实际需求建设大件垃圾收集点和大件垃圾拆分中心。逐步建立并完善大件垃圾回收、运输、处理体系。

7. 加强有害垃圾分类和处理

完善有害垃圾收转运体系；规范有害垃圾处置流程。

8. 开展关键技术研发攻关和试点示范

开展小型焚烧设施试点示范；飞灰处置技术试点示范；渗滤液及浓缩液处理技术试点示范；焚烧炉渣资源化试点示范。

9. 强化设施二次环境污染防治能力建设

补齐焚烧飞灰处置设施短板；完善垃圾渗滤液处理设施；积极推动沼渣处置利用。

10. 鼓励生活垃圾协同处置

鼓励统筹规划固体废物综合处置基地；推动建设区域协同生活垃圾处理设施。

11. 完善全过程监测监管能力建设

加强信息化平台建设；推广第三方监管模式；加快无害化等级评定及复核。

二、云南农村“厕所革命”政策

农村“厕所革命”行动是改善农村人居环境、推动农民传统卫生习惯、深入健康教育和卫生常识的重要手段，是云南省改善乡村整体外貌、建设美丽宜居乡村的重要行动。

（一）《云南省“厕所革命”三年行动计划（2018—2020 年）》的解读

《云南省“厕所革命”三年行动计划（2018—2020 年）》出台的背景和意义：

1. 出台背景

为深入贯彻落实习近平总书记关于“坚持不懈推进厕所革命，努力补齐影响群众生活品质的短板”的重要指示精神，加快推进乡村振兴战略、云南全域旅游发展和“一部手机游云南”的实施，切实解决城乡公厕和旅游厕所数量不足、布局不合理、设施不全、管理水平低，农村无害化卫生户厕普及率低等问题，结合全省进一步提升城乡人居环境五年行动计划及农村人居环境整治三年行动实施方案，制定本行动计划。

2. 出台意义

厕所革命是关乎民生的大事，厕所卫生不仅事关人民群众的健康和生态及人居环境的改善，还关乎国家形象的树立。

（1）事关人民群众的健康。厕所与我们的生活、工作的方方面面都密不可分，关乎城乡居民的生活水平的改善和健康水平的提高，厕所虽小，却浓缩了民生。

（2）事关生态及人居环境的改善。农村之前普遍使用旱厕，在蹲坑的下面挖一个坑用来贮藏粪尿，用于肥料使用。粪便长期堆积会带来极大的隐患，如不通过无害化处理，病菌、寄生虫会通过土壤与水源媒介进行传染。

（3）事关国家形象的树立。一个国家的厕所状况体现了民族的卫生文化和国家的文明程度。从这个意义上看，厕所设施的改善、卫生如厕行为的形成、健康厕所文化的树立既是个人和家庭的私事，也是国家和民族的大事。

（4）事关人居环境的改善。人居环境与厕所卫生密切相关，干净卫生的厕所环境帮助农村的环境美化、净化空气都作出了重要的贡献，由此看出厕所革命对于人居环境的改善有着极为重要的意义。

（二）《云南省“厕所革命”三年行动计划（2018—2020 年）》明确了加快生态振兴的指导思想和目标任务

1. 指导思想

牢固树立和践行“绿水青山就是金山银山”的理念，坚持尊重自然、顺应自然、保护自然，统筹山水林田湖草系统治理，加快转变生产生活方式，推动乡村生态振兴，建设生活环境整洁优美、生态系统稳定健康、人与自然和谐共生的生态宜居美丽乡村。

2. 目标任务

（1）农村基础设施条件持续改善。

（2）城乡统一的社会保障制度体系基本建立。

（3）农村人居环境显著改善，生态宜居的美丽乡村建设扎实推进。

（4）城乡融合发展体制机制初步建立，农村基本公共服务水平进一步提升。

（三）下一步贯彻落实《云南省“厕所革命”三年行动计划（2018—2020 年）》的安排部署

云南省农村“厕所革命”已经成为各地年度工作中的重要内容，帮助农村居民的生活环境发生了巨大变化，改变了他们的顽固习俗，改善了乡村生活气息，提升了公共管理治理能力，更是改善了农村居民的健康状况，在乡村生态文明建设中有着不可估量的作用。下一步要加速推进厕所革命从城市拓展到农村、从封闭走向开放，尽快启动“厕所革命”新三年行动，切实改善游客如厕体验，增强文明意识，缓解旅游重点区域、高峰时段“如厕难”问题。把旅游厕所建设打造成全省旅游公共服务示范工程，带动促进其他公共服务设施建设，全面提升全省旅游服务水平。

三、云南省“林草湖保护修复”政策

生态兴则文明兴，生态衰则文明衰。林草湖保护管理对云南省可持续发展意义重大，云南省高度重视“林草湖保护修复”工作，但其生态资源利用与开发并不是一朝一夕就能解决的问题，在压力叠加、负重前行的关键期，这是云南省新时期的挑战，因此，加强“林草湖保护修复”势在必行，迫在眉睫。以下是云南省关于“林草湖保护修复”相关政策的解读。

（一）《关于全面推行林长制的实施意见》的政策解读

1.《关于全面推行林长制的实施意见》出台的背景和意义

（1）出台背景：2019 年新修订的《中华人民共和国森林法》明确指出：“地方人民政府可以根据本行政区域森林资源保护发展的需要，建立林长制。”

2020 年 8 月，习近平总书记在安徽考察工作时作出重要指示，要落实林长制度。

2020 年 11 月，习近平总书记在中央深改委第十六次会议上强调：“全面推行林长制，要按照山水林田湖草系统治理的要求，坚持生态优先、保护为主，坚持绿色发展、生态惠民，坚持问题导向、因地制宜，建立健全党政领导责任体系，明确各级林长的森林草原保护发展责任。”

2020 年 12 月，中共中央办公厅、国务院办公厅印发《关于全面推行林长制的意见》，对全面推行林长制工作作出具体部署。

2021 年 2 月，昆明市第十四届人民代表大会第六次会议审议通过“全面推行林长制”作为 2021 年度重点工作，纳入《昆明市国民经济和社会发展第十四个五年规划和二〇三五年远景目标纲要》。

（2）出台意义：全面推行林长制，是以习近平总书记为核心的党中央站在民族永续、国家发展、民生福祉的战略高度作出的一项重大决策部署，是昆明市贯彻落实习近平总书记生态文明思想、加强森林草原资源保护的重要抓手。按照中央、省、市关于全面推行林长制的部署要求，指导全市全面推行并落实好林长制，对促进昆明市森林草原资源保护发展，全面推进国家、省生态文明建设示范市创建和“美丽中国”典范城市建设具有重大而深远的意义。

2.《关于全面推行林长制的实施意见》的指导思想和目标任务

（1）指导思想：以习近平新时代中国特色社会主义思想为指导，全面贯彻党的十九大和十九届二中、三中、四中、五中全会精神，认真践行习近平生态文明思想，深入贯彻落实习近平总书记考察云南重要讲话精神，坚定贯彻新发展理念，按照山水林田湖草沙冰系统治理要求，坚持生态优先、保护为主，绿色发展、生态惠民，问题导向、因地制宜，在全省全面推行林长制，明确各级党政领导干部保护发展森林草原资源的目标责任，构建党政同责、属地负责、部门协同、源头治理、全域覆盖的长效机制，加快推进全国生态文明建设排头兵和美丽云南建设，筑牢国家西南生态安全屏障。

（2）目标任务：到 2021 年底，省、州（市）、县（市、区）、乡镇（街道）、村（社区）五级林长体系全面建立，相关制度框架体系基本形成。

到 2025 年，林长制度进一步完善，权责明确、保障有力、监管严格、运行高效的森林草原资源保护发展机制全面建立。全省森林覆盖率达 65.7%，森林蓄积量达 22 亿立方米，草原综合植被盖度达 80%，林业产业总产值达 4000 亿元，林分结构进一步优化，森林质量、生态功能明显提升，优质生态产品供给能力和碳汇能力显著增强。

到 2035 年，基本实现林草治理体系和治理能力现代化。全省森林草原资源总量保持稳定状态，林分结构更加科学合理，森林质量水平位居全国前列，生态系统功能和生态效益更加显现。

3.《关于全面推行林长制的实施意见》的主要任务

（1）加强森林草原资源保护。严守生态保护红线，落实国土空间用途管制要求，严格控制林地、草地转为建设用地；完善森林生态效益补偿制度和草原生态保护补奖政策，加强森林保护，通过建立长效机制，严厉打击破坏森林草原资源违法犯罪行为；通过建立以国家公园为主体的自然保护地管理体系，守护好云南生物多样性宝库。

（2）加强森林草原资源生态修复。融入国家生态安全战略格局，持续推进重点区域生态系统保护和修复；做好十年禁渔和赤水河流域（云南段）保护，狠抓长江经济带生态恢复治理，加快建设高原湖泊生态廊道，固化湖泊核心保护区，推进高原湖泊保护治理工作；加快建设保障性苗圃基地，大力培育推广应用林木良种壮苗，持续开展大规模国土绿化行动；实施草原保护修复工程的同时，提升草原生态功能和生产功能；充分调动市场主体积极性，修复历史遗留矿山生态。

（3）加强森林草原资源灾害防控。落实重大森林草原有害生物灾害防治地方政府负责制，制定出台林业草原有害生物防治检疫有关地方性法规。开展森林草原有害生物普查，并加强监测、检疫和除治工作；充分调动科研院所积极性，开展病虫害和外来物种入侵；稳定森林覆盖率，加强森林经营和退化林修复，加快单优针叶林改造，改善林分结构，扩大混交比例，提高森林抵抗自然灾害的能力；坚持森林草原防灭火一体化，落实各级行政首长负责制，组建地方专业防扑火队伍，提升森林草原火灾防控能力。

（4）深化森林草原领域改革。加快推进自然资源资产负债表编制，建立健全自然资源资产产权制度；完善森林经营方案，规范国有森林资源有偿使用制度，建设集多功能新型国有林区、林场；深化集体林权制度改革；完善草原承包经营制度；健全森林草原资源环境价格形成机制和生态功能区转移支付、生态补偿等制度；整合各级财政资金，实施野生动物肇事公众责任保险。

（5）发展绿色富民产业。围绕打造世界一流“绿色食品牌”和“健康生活目的地牌”，坚持产业生态化、生态产业化，制订科学利用林地资源促进木本粮油和林下经济高质量发展规划及制订相关实施方案；因地制宜发展特色林下经济产业，强化良种选育、品牌培育和产销对接，推进示范基地建设、新型经营主体培育和市场流通体系构建；通过稳定种植面积，提高加工水平，实现核桃产业提质增效的同时着力解决核桃价廉滞销问题；强化政策引导，严禁损毁天然橡胶林，提升天然橡胶种植标准化水平和产业竞争力，推动产业迭代升级，稳步增加胶农收入，确保国家战略物资安全可控；促进木本粮油和林下经济上下游产业融合，加快发展绿色富民产业。

（6）加强基层基础能力建设。加强县（市、区）级林业和草原主管部门履职能力和乡镇林业（草原）工作站基础设施、人员队伍建设，增强行政执法力量，改善履职工作条件，提升基层支撑保障能力；健全网格化管理体系，逐地逐片落实管理主体；完善森林草原管护基础设施建设；构建“天空地”一体化森林草原资源监测平台，不断完善全省森林草原资源管理“一张图”“一套数”动态监测体系，提高监测预警和问题查处能力；按规定开展森林草原质量评价和发布工作，建立质量恶化倒查机制。

4. 下一步贯彻落实《关于全面推行林长制的实施意见》的安排部署

（1）应把重点落在“制”上面，积极推进、加快构建全面推行林长制的组织、责任、制度体系，强化林长制度建设和考核机制建立，全面提升森林和草原等生态系统功能，加快健全林长组织体系。明确各级责任，建立林长制工作机制，落实林长制各项制度，推动各级林长履职尽责，强化部门协作，形成协调联动、齐抓共管的工作格局。

（2）要加强针对《关于全面推行林长制的实施意见》的学习。组织全省林业系统领导干部职工认真学习贯彻落实《关于全面推行林长制的实施意见》精神，把握《关于全面推行林长制的实施意见》内涵，同时又结合业务工作实际，把今后一个时期的工作谋划好、推进好。

（二）《关于加强草原保护修复的实施意见》的政策解读

1.《关于加强草原保护修复的实施意见》出台的背景和意义

（1）出台背景：2020 年习近平总书记再次考察云南省，指出云南省是“植物王国、动物王国、世界花园”，给云南省生态建设提出了新的要求。习近平总书记的重要讲话，为新时代云南生态文明建设赋予了新的历史责任，指明了前进方向，为深入推进云南省林草融合高质量发展，为创建全国生态文明建设排头兵和建设中国最美丽省份奠定了坚实的基础。

（2）出台意义：①有助于云南省建设全国生态文明建设排头兵。聚焦努力成为全国生态文明建设排头兵、筑牢国家西南生态安全屏障和建设中国最美丽省份的目标，将草原保护修复作为全省林草工作的重点任务，进一步压实各级政府草原保护修复的主体责任。②有助于云南省林草高质量发展。坚持山水林田湖草沙冰系统治理，结合国土空间规划编制、乡村振兴、生物多样性保护和林长制实施等工作，开展政策研究，提出可操作、能落地的具体举措，促进林草融合高质量发展。③有助于云南省更好地实施相关政策。在制定《关于加强草原保护修复的实施意见》的过程中，注重加强与自然资源、生态环境、农业农村等部门的政策衔接，聚焦提升草原生态系统质量和稳定性，着力推动草原地区绿色发展和农牧民增收。

2.《关于加强草原保护修复的实施意见》的指导思想、目标任务和重要任务

（1）指导思想：以习近平新时代中国特色社会主义思想为指导，全面贯彻党的十九大和十九届二中、三中、四中、五中全会精神，认真践行习近平生态文明思想，深入贯彻习近平总书记考察云南重要讲话精神。

（2）主要目标：到 2025 年，草原保护修复制度体系基本建立，草原退化趋势得到根本

遏制，草原生态状况明显改善，全省草原综合植被盖度达到80%。

到2035年，草原保护修复制度体系更加完善，基本实现草畜平衡，退化草原得到有效治理和修复，草原生态功能和生产功能显著提升，全省草原综合植被盖度稳定在83%以上。

到21世纪中叶，退化草原得到全面治理和修复，草原生态系统实现良性循环，形成人与自然和谐共生的新格局。

（3）重点任务：《关于加强草原保护修复的实施意见》明确加快乡村生态振兴的重点任务，从加强资源保护、推进生态修复、强化合理利用、完善重要制度等方面提出了13条工作措施。

①开展草原资源调查。制定草原资源专项调查工作方案和实施细则，组织开展全省草原资源专项调查。全面查清草原类型、权属、面积、分布、质量以及利用状况等底数。

②实施草原监测评价。建设草原监测评价数据库和软件平台，健全草原监测评价数据汇交、定期发布和信息共享机制。

③编制草原保护修复利用规划。依据全国草原保护修复利用规划、重要生态系统保护和修复重大工程总体规划及省级国土空间规划，编制云南省草原保护修复利用规划。

④加大草原保护力度。从健全保护制度、加大监管力度和完善追究制度出发，促进云南省草原生态环境加快恢复。

⑤加快草原自然保护地建设。坚持先规划后建设，加强自然保护地管理，确保自然保护地生物多样性得到系统性保护。

⑥加快推进草原生态修复。采取禁牧封育、免耕补播等措施，着力解决云南省草原植被和土壤问题。

⑦加强草原资源灾害防控。通过制定法规的方式为森林草原有害生物灾害防治提供法律保障；通过完善体制机制加大监测力度，提高绿色防治水平。

⑧统筹推进林草生态治理。分区域分版块因地制宜地统筹推进森林、草原、湿地保护修复和石漠化治理。

⑨大力发展草种业。多措并举保护和发展草种质生物多样性，完善技术体系。落实草品种审定制度，加强质量监管。

⑩合理利用草原资源。提高资源利用效率的同时还要提高牧草产量和质量，发展现代草业。

⑪完善草原承包经营制度。进一步完善草原承包制度，明确所有权、使用权，稳定承包权，放活经营权。

⑫推动国有草原资源有偿使用制度改革。加快推进草原资产负债表编制，建立健全草原资产产权制度。

⑬推动草原地区绿色发展。加快发展绿色低碳产业，推动草原旅游和生态康养产业发展。

3. 下一步贯彻落实《关于加强草原保护修复的实施意见》的安排部署

当前，草原生态系统仍然脆弱，退化的形势依然严峻。草原保护修复工作正处在爬坡过坎、不进则退的关键阶段。下一步，要认真贯彻落实《关于加强草原保护修复的实施意见》，进一步提高认识，把草原保护修复工作摆在首位，加强组织领导的同时还需要各部门各司其职，互相配合。

（1）要坚持问题导向，抓好草原保护修复工作，做好排查，列出问题清单，明确整改方式，着力抓好草原资源重点市、县的草原保护修复，着力抓好不同类型草原的保护修复。

（2）多方协作，形成强大的保护合力。强化地方政府的主体责任，要积极探索构建草原保护修复的长效机制，运用现代化信息技术，加快推进草原生态修复，科学合理地利用草原资源。深入开展草原普法宣传和科普活动，不断增强全社会关心关爱草原和依法保护草原的意识，促进全体人民共同保护草原环境，加大政策宣传力度，发挥媒体、公益组织和志愿者的作用。

（3）云南省应按照生态文明建设要求推进理念研究和实践创新，既要把握生态文明建设规律、完善中国特色社会主义生态文明建设理论的学理诉求，又要建设最美省份、为实现中华民族永续发展提供云南力量。

（三）《云南省九大高原湖泊保护治理攻坚战实施方案》的政策解读

1.《云南省九大高原湖泊保护治理攻坚战实施方案》出台的背景和意义

（1）出台背景：2021 年以来，云南省始终把九大高原湖泊保护治理作为压倒性任务，采取革命性措施强力推进，不断细化实化“湖泊革命”攻坚战实施意见中提出的管控措施，以充分满足湖泊生态保护和自然修复的需要为原则，通过差异化分区和加强湖泊流域空间管控，最大限度留白，为湖泊保护和流域经济社会绿色高质量发展留足生态空间。

（2）出台意义：云南省九大高原湖泊是我国唯一不冰冻的湖区，是不可多得的“高原明珠”。九大高原湖泊水域人口密集、活动频繁、经济活跃，湖泊具有强大的生态服务功能，保护好湖泊，还能“反哺”城镇化建设和社会经济发展，加强九大高原湖泊流域的保护对于云南省发展基础和发展质量具有关键性的影响。

2.《云南省九大高原湖泊保护治理攻坚战实施方案》的指导思想、基本原则、目标任务

（1）指导思想：以习近平新时代中国特色社会主义思想为指导，全面贯彻党的十九大和十九届二中、三中全会精神，认真落实党中央、国务院决策部署和习近平生态文明思想，按照全省生态环境保护大会要求，坚决扛起生态文明建设的政治责任，深化生态环境保护党政同责和一岗双责，强化共抓大保护、不搞大开发的思想自觉和行动自觉，变“要我保护”为“我要保护”，着力破除“等靠要”思想，坚持规划引导、生态优先、科学治理、绿色发展、铁肩担当，以湖泊保护治理统领当地经济社会发展全局，以改善九湖水环境质量为核心目标，以建设山水林田湖草生命共同体为主要任务，以河长制、湖长制为主要抓手，进一步加强九湖保护治理工作，将云南省建设成为中国最美丽省份。

（2）基本原则：一是保护优先，绿色发展；二是严格管控，强化约束；三是一湖一策，精准治理；四是综合施策，系统整治。

（3）目标任务：抚仙湖、泸沽湖水质稳定保持Ⅰ类；滇池草海水质稳定达到Ⅴ类，到2020年底，滇池外海水质达到Ⅳ类（COD ≤ 50mg/L）；洱海湖心断面水质稳定保持Ⅱ类；阳宗海水质稳定保持Ⅲ类；程海水质稳定保持Ⅳ类（pH 和氟化物除外）；到 2020 年底，星云湖水质达到Ⅴ类（总磷≤ 0.4mg/L），杞麓湖水质达到Ⅴ类（COD ≤ 50mg/L）；到 2019 年底，异龙湖水质达到Ⅴ类（COD ≤ 60mg/L）。

到 2020 年，九湖流域污染风险得到有效管控，水生态环境明显改善，生态系统稳定性提升，生态功能基本恢复，湖泊污染全面遏制，水质持续改善，努力达到考核目标要求。

到 2035 年，九湖生态环境质量全面改善，生态系统实现良性循环和稳定健康，基本形成河湖水质优良、生态系统稳定、人与自然和谐的生态安全格局，构建人水和谐美丽家园。

3.《云南省九大高原湖泊保护治理攻坚战实施方案》的主要任务

（1）通过严格落实“三线一单”，严格管控沿湖开发利用及加快推动生态搬迁来加强湖泊流域空间管控。

（2）通过加强九湖流域水资源保护管理，建立健全节约用水机制来加强水资源保护。

（3）通过加强污染物达标排放管理、湖泊流域面源污染防治、内源污染治理来加强水污染防治。

（4）通过加强流域控源截污、入湖河道环境综合整治、流域饮用水水源地保护来加强水环境整治。

（5）通过强化山水林田湖草系统治理，加强湿地保护和恢复、九湖水生生物资源保护来加强水生态修复。

（6）通过加大执法监管力度，建立日常监督巡查制度来全面加强依法监管。

4. 下一步贯彻落实《云南省九大高原湖泊保护治理攻坚战实施方案》的安排部署

下一步，云南省将以革命性举措抓好高原湖泊保护治理，坚持源头治理、流域治理、科学治理、精准治理，打好云南省九大高原湖泊保护治理攻坚战，扎实推进河长制、湖长制，以此推进美丽河湖建设，促进云南省争当生态文明建设排头兵和中国最美丽省份建设。

（执笔人：杨怡　谭鑫）

第四讲　现状之讲

第一节　云南乡村生态振兴的基本情况

一、乡村生态文化建设

（一）厚植生态文明思想文化

1. 树立生态文明核心价值观念

云南省充分认识生态文明建设在党和国家事业发展全局中的重要地位，秉持人与自然生命共同体的理念，坚持正确的生态观、发展观，站在人类文明负责的高度，尊重自然、顺应自然、保护自然。给各个地区的农民教导和宣传生态文明思想，传播人与自然和谐共生的科学自然观，以及绿水青山就是金山银山的重要发展理念。

2. 发掘和传承民族生态文化

云南省致力于继承和弘扬中华文明，善待自然的生态文化和生态智慧，推动优秀传统生态文化创造性转化、创新性发展。依托民族传统文化生态保护区、民族文化传承基地、历史文化名镇（村）、民族特色村寨等载体，大力开展民族传统生态文化保护和传承，推进生态文化村、民族文化生态旅游村建设。系统挖掘、整理和研究民族优秀生态文化，推进民族生态文化目录体系档案建设。

3. 繁荣社会主义生态文化

云南省深入推进社会主义生态文化基础理论研究与实践应用。加大生态文明建设题材作品创作力度，鼓励开发生态文化产品，打造生态文化品牌，创作一批生态文化文艺作品，建设一批生态文化教育基地。抓好生态文明传播平台建设，开展生态文明建设主题传播活动，讲好生态文明建设的云南故事。

（二）加强生态文化基础建设

1. 广泛开展绿色生活系列行动

深入开展建设节约型机关、绿色家庭、绿色学校、绿色社区、绿色商场、绿色酒店等绿色生活行动，健全相关制度政策。深化公交都市建设，以昆明市、保山市、玉溪市和普洱市为试点开展“绿色出行”建设，推广新能源和清洁能源公交车，提高城市公共交通机动化出行分担率。

2. 深入开展生态文明示范创建活动

深入开展生态文明建设示范创建，以典型引领加速提升全省生态文明建设水平。以县（市、区）为重点，持续推进生态文明建设示范区创建，推动创建成果和成效“提档升级”，有效促进国家生态文明建设示范区不断涌现。

3. 推进生态文化事业和产业发展

加快实施生态文化惠民工程，建设生态文化基础设施和公共服务载体，推进公共生态文化场馆场地免费开放和数字化发展。推动生态文化与生态产业融合发展，将具有云南特点的森林文化、竹文化、花文化、茶文化、中草药文化等融入生态产业发展之中，贯通产加销，融合农文旅，打造一批有影响力、有代表性的生态文化品牌，促进生态文化产业发展。开发生态文化创意产品，发展生态文化服务业。

（三）打造旅游生态文化休闲度假名片

云南省将森林康养作为生态旅游新业态重点突破，打造国家级森林康养基地和国家级森林体验基地。例如，海埂公园以环湖生态、旅游、文化“三圈”建设为重点，强力推进辖区生态文明建设，兼具湿地保护、科普宣传教育、湿地观光游赏、湖滨休闲游憩、旅游配套服务等功能的环境保护型生态湿地。普洱市依托绿色生态景观，瞄准生态化、国际化、高端化、特色化发展方向，深化旅游业供给侧结构性改革，打造生态旅游“绿色名片”。

（四）建设生态文化革命园

2020年1月19日至21日春节前夕，习近平总书记赴云南看望慰问各族干部群众时的讲话：“要学习党史、新中国史，懂得党的初心和使命之可贵，理解坚守党的初心和使命之重要。云南有光荣的革命传统，有很多感人肺腑的动人故事。要把这些故事作为‘不忘初心、牢记使命’教育的生动教材，引导广大党员、干部不断检视初心、滋养初心，不断锤炼忠诚干净担当的政治品格。”

中央红军长征途中，红九军团于1935年5月1日至4日在会泽短暂修整，扩充红军1500余人，在这里播下了信念的火种。为保存革命遗址，传承红色文化，会泽县委、县政府在国家旅游局的支持下，于2004年在县城西北4千米处的水城村建成了扩红文化生态园，现被列为全国100个红色旅游经典景区之一，是云南省爱国主义教育基地、国防教育基地和曲靖市干部党性教育基地。水城村也称梨园，有数百亩[①]古梨树，所产乌梨香甜可口，久负盛名。每年梨花时节，人们络绎不绝地来到扩红文化生态园踏青赏花，瞻仰革命遗迹，了解长征历史，传承红色文化。

二、乡村生态产业建设

（一）推进乡村生态农业建设

云南省坚持绿色循环低碳发展。突出农业绿色特点，坚持生态优先、绿色发展，走资源节约、环境友好的可持续发展道路，形成绿色生产方式，促进生产生活生态相协调。

1. 发展生态立体循环绿色种养产业

提升人居环境，助力“美丽乡村”“绿色食品牌”打造及促进云南高原特色农业高质高效发展，建设“林下鸡果生态立体循环绿色种养”配套设施设备研发及改造提升。实现降低养殖成本，改善蛋肉品质，提高养殖收益，促进“林下鸡果生态立体循环绿色种养”的科技含量和高质量发展。

2. 建立大湾现代生态农业示范园

以“滇池保护、生态治理”为前提，按照“一园四区三基地”的功能布局，打造集环境保护、农业生产、农耕体验、科普研学、文化旅游等功能于一体的农文旅商融合的现代生态农业示范园。

3. 建设高效生态农业示范基地

依托不同乡村的资源禀赋，建设高效生态农业基地，注重耕地保育与立体种养，提高土地产出率；注重山地果（茶）园建设，提高劳动生产率；注重农牧结合与循环利用，提高污染防控率；注重设施农业与规范管理，提高资源利用率。

4. 严守乡村耕地红线

从巩固提升高原特色农业产业水平、加强基地建设和转变发展方式三个方面入手，全面打牢乡村生态农业建设基础。认真落实粮食安全行政首长责任制，以稳粮为基础，确保粮食安全。严守耕地保护红线和粮食播种面积底线，采取科技增粮措施，提高粮食综合生产能力。开展耕地质量保护和提升行动，实施土地整治和耕地质量建设工程。

（二）推进乡村生态工业建设

云南省坚持节约集约、绿色发展。以实现碳达峰、碳中和目标为导向，加快资源、能源节约集约循环利用，加强用地、用能管理，促进工业企业向绿色低碳方向转型升级，提升园区绿色发展水平。

---

① 亩：土地面积单位，1 亩≈ 666.67m^2，全书统一说明。

1. 建设乡村工业绿色园区

把加快园区绿色发展作为五大主要任务之一，从推动传统产业绿色化改造、促进园区资源综合利用、提高土地节约集约利用水平、建设绿色低碳园区、强化园区环境污染防治、加强园区安全生产共六个方面，提出了具体的工业园区建设规划。

2. 普及清洁、高效、循环的乡村产业发展模式

成立低碳产业基金，推动乡村分布式光伏发电、光伏照明、太阳能光热、低碳灌溉、低碳粪便处理等低碳技术应用发展。科学制订种植基地防污计划，实施农药、化肥减量和产地环境净化行动，合理回收农业废弃物。大力开发利用生物质能源，提高农林生物质剩余物综合利用效率，促进农林生物质综合利用向规模化、产业化、集约化、智能化方向发展。将低碳能源嵌入加工制造过程中，提高能源利用效率及农产品深加工程度，推进低碳化和清洁生产，建设乡村绿色制造体系。

（三）推进乡村生态服务业建设

1. 以乡村生态旅游产业为支撑，提升景区品质

充分利用云南省丰富的森林、湿地、草原、石漠化土地等生态景观资源发展生态旅游产业。依托国家公园、自然保护区、自然公园，以及植物园、树木园、花卉园、国有林场、生态文明教育基地、自然教育基地、野生动物园、森林小镇、森林庄园、森林人家等可利用的生态景观资源，在保护的前提下，开展生态旅游、自然体验、生态教育等活动。

2. 完善生态旅游基础设施建设，创新生态旅游形式

丰富生态旅游产品，提升生态旅游服务水平，推动旅游开发建设由粗放型向集约型转变，旅游产品由观光型为主向休闲度假、自然教育和健康疗养多形式结合转变，推动旅游文化产业转型升级，构建高品质、多样化的生态产品体系，打造一批精品旅游线路，全面提升生态旅游业的质量和水平。

3. 发挥林草景观资源优势

丰富山地、草原、水上、空中休闲游憩项目，提升观光项目品质，积极开发森林和湿地观鸟、丛林探秘、动植物科普游、高原草原体验游等旅游产品。

4. 深入挖掘各地独特的民族文化和森林文化内涵

积极利用各地草原草场、高山草甸等适宜开发的区域，合理发展草原旅游，开展美丽草原精品推介活动，打造一批具有云南特色的草原旅游景区、度假地和精品旅游线路。联合旅游部门共同规划建设“茶马古道国家森林步道”，选择最具代表性的自然风光和人文景观进行串联，在不破坏自然基底的前提下建设最低限度的补给设施。

三、乡村人居环境建设

农村人居环境整治，是实施乡村振兴战略的第一场硬仗。云南省 2021 年启动实施农村人居环境整治提升五年行动，建设美丽乡村。

（一）推进“厕所革命”

云南省深入贯彻落实习近平总书记坚持不懈推进“厕所革命”，努力补齐影响群众生活品质短板的指示精神，有力有序有效推进“厕所革命”工作。

1. 逐步普及农村卫生厕所

制定农村厕所长期和短期目标，改造建设农村卫生户厕，合理规划布局自然村卫生公厕，推进乡村景区旅游厕所建设。新改户厕提倡入院，有条件的推动入室，新建农房应配套建设卫生厕所及粪污处理设施设备。

2. 提高改厕质量

充分考虑云南省地域环境、民族风俗等情况，选择群众接受、经济适用、不污染环境的改厕技术模式，宜水则水、宜旱则旱。技术模式应经过试点试验，成熟后再逐步推开。在高寒山区、干旱缺水等地区推广节水型、少水型水冲设施，或改建达标的卫生旱厕。加强生产流通领域农村改厕产品质量监管，把好采购质量关。

3. 加强厕所粪污处理与资源化利用

加强农村厕所革命与生活污水治理有机衔接，鼓励有条件的地区积极推动卫生厕所改建与生活污水治理一体化建设，暂时无法同步建设的应为后期建设预留空间。因地制宜推广厕所粪污分散处理、集中处理与纳入污水管网统一处理等模式，鼓励联户、联村、村镇一体处理，逐步推动厕所粪污就地就农消纳、资源化利用。

（二）推进农村生活垃圾治理

云南省遵循乡村发展规律，因地制宜，实事求是，规划引领，分类施策，实现农村人居环境整治提升与公共基础设施改善。在推进农村生活垃圾治理方面，云南省做了以下工作：

1. 加快完善垃圾分类设施体系

建立健全生活垃圾分类制度体系。落实地方政府主体责任，强化公共机构和企业示范带头作用，引导居民逐步养成垃圾分类的习惯，形成全社会共同参与垃圾分类的良好氛围。

2. 完善生活垃圾分类投放设施建设

政府牵头，各部门、各街道分级配合，落实生活垃圾投放制度。按照生活垃圾分类要求，将生活垃圾投入指定的垃圾桶内，生活垃圾分类投放管理负责人将垃圾桶定时定点地运至生活处理设施或资源回收利用站处理。加快老旧分类收集设施改造，喷涂统一、规范、清晰的标志，确保设施设置规范、干净整洁。

3. 完善生活垃圾分类收集转运设施体系

以“分类处理”引导“分类运输”，构建分类直运体系，实行分收分运，在全省地级及以上城市和州府所在县市加快建立完善的生活垃圾分类运输系统，有效衔接分类投放端和分类处理端。

4. 全力推进生活垃圾焚烧设施建设

合理规划垃圾焚烧设施布局。因地制宜统筹布局垃圾焚烧处理设施，合理规划、超前谋划新建垃圾焚烧设施选址，鼓励利用既有生活垃圾处理设施用地建设生活垃圾焚烧发电项目。

（三）推进农村污水治理

1. 分区分类推进治理

优先治理九湖和赤水河流域，重点治理集中式饮用水水源保护区、黑臭水体集中区域、城乡接合部、乡（镇）政府驻地、中心村、旅游风景区等区域农村生活污水。开展坝区、山区、半山区以及干旱缺水、高寒山区等典型地区农村生活污水治理试点。根据村庄位置、人口规模、环境容量等因素，选择符合农村实际的生活污水治理模式，优先推广运行费用低、管护简便的治理技术。对人口规模较大、居住集中、水资源丰富的区域，鼓励采取集中收集处理方式，优先接入城镇污水管网，适度建设生活污水处理设施；对地处偏远、规模较小的村庄，采取生态措施因循就势处理。积极推进农村生活污水资源化利用。

2. 加强农村黑臭水体治理

全面摸清云南省农村黑臭水体底数，建立治理台账，明确治理优先序，基本消除较大面积的农村黑臭水体。开展黑臭水体治理试点，以村内河塘沟渠和群众反映强烈的黑臭水体为重点，采取控源截污、清淤疏浚、生态修复等措施综合治理，形成一批可复制、可推广的治理模式。建立农村黑臭水体水质监测制度。推动河长制湖长制体系向村级延伸，建立健全促进水质改善的长效运行维护机制。

（四）推进农村生活空气污染防治

农村生活空气污染治理也是乡村生态振兴的重点。云南省对加强农村生活空气污染防治做了以下工作：

1. 优化农村能源供给结构

鼓励农村地区采用清洁能源、可再生能源，大力发展太阳能、浅层地热能、生物质能等，因地制宜开发利用水能和风能，从源头控制农村生活空气污染。完善农村能源基础设施网络，加快新一轮农村电网升级改造，推动供气设施向农村延伸。加快推进生物质热电联产、生物质供热、规模化生物质天然气和规模化大型沼气等燃料清洁化工程。

2. 推进农村能源消费升级

提高电能在农村能源消费中的比重，推广农村绿色节能建筑和农用节能技术、产品。大力发展“互联网 +”智慧能源，探索建设农村能源革命示范区。加强秸秆收、贮、运和加工体系建设，创建一批新型设备压块、成型机械托管、秸秆打捆直燃、秸秆沼气、秸秆气化等项目，推广秸秆等废弃物能源化利用。

3. 推进农村生活节能

鼓励采用节能设施，推进农村生活节能。加快建设太阳能、清洁高效炉灶等新能源转变，多措并举，盘活、用好现有户用沼气，因村因户制宜，积极处置废弃沼气安全隐患，发挥其综合效益。

四、乡村生态政策机制建设

（一）完善和发展环境保护政策

为加强环境保护工作，落实环境保护“党政同责”“一岗双责”的要求，云南省出台《各级党委、政府及有关部门环境保护工作责任规定》（以下简称《规定》）。《规定》从6个方面对各级党委、政府及有关部门，审判、检察机关，企业事业单位职责范围内的责任进行细化。明确了各级党委、政府及有关部门，企业事业单位依照责任规定抓好各项工作任务落实的要求；明确了环境保护工作坚持“党政同责”“一岗双责”制度，细化了各部门各单位的责任规定；明确了环境保护工作坚持保护优先、预防为主、综合治理、公众参与、损害担责的原则，建立责任体系及问责制度；明确了各级党委、政府及有关部门，根据国家有关法律法规和本《规定》，可结合实际情况，制定相应的责任规定；明确了环境保护考核目标体系，实行环境保护“一票否决”制，把环境保护作为对各级领导干部考核、评优和评选各类先进的重要依据。

（二）完善和发展生态文明建设政策

云南省作为生态大省，是我国西南生态安全的重要屏障，承担着维护区域、国家乃至国际生态安全的重要任务。党的十八大以来，以习近平同志为核心的党中央站在人类文明演进的广阔视野，着眼于“中国梦”的理想维度，提出坚持和完善生态文明制度体系，适应新时代社会主要矛盾变化要求，回应人民群众对“青山就是美丽，蓝天也是幸福”的优美生态环境的新期盼，加快推进生态文明顶层设计和制度体系建设，相继出台了《关于加快推进生态文明建设的意见》《生态文明体制改革总体方案》，制定了40多项涉及生态文明建设的改革方案。印发并执行《云南省生态文明建设排头兵规划（2021—2025年）》，对生态文明建设作出了具体安排：

（1）要以最严要求推动生态环境保护。

（2）要完善和发展生态文明宣传教育制度，主动服务和融入“文明之路”的现实路径。

（3）要推动形成绿色发展方式和生活方式。

云南省依托禀赋优势，持续推动产业结构向开放性、创新型和高端化、信息化、绿色化“两型三化”转型发展，全力打造世界一流的绿色能源、绿色食品、健康生活目的地“三张牌”，让绿色真正成为云南产业转型升级、经济高质量跨越式发展的基本底色，坚定不移地走以生态优先、绿色发展为导向的高质量跨越式发展路子，坚守战略定位，保持战略定力，以新发展理念为引领，促进生态环境建设质量持续改善。

（三）完善和发展地方乡村生态保护政策

全面深化生态文化体制改革以来，云南省大理州为促进生态文明建设发展实际，提升大理州乡村生态功能，促进全州的乡村振兴而出台了《大理州乡村生态振兴规划（2018—2022 年）》。云南省临沧市先后出台了《关于建设美丽临沧的意见》和“生态美、发展美、风气美”建设 3 个实施方案、8 个专项行动方案，以及《临沧市绿水青山变成金山银山三年行动计划（2020—2022 年）》《临沧市生态文明建设排头兵规划（2016—2020 年）》《澜沧江流域（临沧段）保护发展规划》等系列推进生态文明建设、加强生态环境保护的规划、措施，颁布实施临沧市《古茶树保护条例》《南汀河保护管理条例》《城市绿化管理条例》《城乡清洁条例》4 部地方法规，精准引领和保障生态文明建设。云南省各个州（市）坚定不移深化生态文明体制改革，坚持以环境质量的持续改善增进民生福祉，超常规推进污染治理，以最高规格、最大力度、最强举措推进蓝天、碧水、净土保卫战，助力云南省乡村生态振兴。

第二节　云南乡村生态振兴的困境与挑战

一、主体层面：农民生态意识薄弱与农村基层管理不足

农民在生态环境保护意识上表现出自私性和封闭性[①]，未能意识到生态环境保护对生产生活环境长久发展的重要性。

（一）缺乏忧患意识

云南许多民族地区由于文化程度差异，对新理念接受较慢，在生产生活中以传统方式为主，且部分地区仍在使用有害化肥，对当地生态环境造成了污染；忽视环境保护和经济利益并行的长远方法，在农业生产中往往经济利益占主导，而忽视环境保护的长远利益，未来就会浪费更多的财富来维持生态环境；轻视农业生产，在农业生产中不考虑未来发展，只顾眼前利益，使用各种有害化肥和原材料，出现土壤酸化等问题，无法保证农业生产的品质和质量。统计数据表明，中国的粮食产量和化肥施用量的占比分别为 16% 和 30%，相比于世界平均化肥施用量，中国使用化肥量是世界平均使用化肥量的 400%，并且，在农产品生产经营时

① 姚博、彭英：《乡村振兴背景下加快推进南京城乡融合发展研究》，《江苏农业科学》2021 年第 49 卷，第 20 期，17-21 页。

会对其进行包装加工，使用各种原材料的包装物，给生态环境治理带来更多难题[①]。

（二）缺乏主动意识

云南地处边境，属于多山地区，许多处于大山里面的农民由于地理环境封闭性，不会主动关注乡村生态环境保护信息，学习生态保护知识。农民作为乡村的主体，未能在环境保护上发挥作用，农村基层组织对生态环境保护也没有发挥应有的责任作用。在工作上，农村基层组织没有起到带头作用，受传统管理影响；基层组织在工作条例、村庄生态环境管理上存在漏洞，对乡村中的生态环境状况不了解，只是一味地喊口号；基层组织散漫，不主动去解决乡村生态问题。在生活中，基层管理人员不以身作则，没有起到以身带头作用，没有意识也没有主动带领村民管理乡村卫生环境；受地域、思想等各种因素限制，农民依旧随意乱扔垃圾，乱倒生活污水，一些干部家庭也没有起到以身带头作用。受农村传统观念影响，许多基层干部和农民依旧维持以前的思想，没有用长远目光考虑今后子孙的生存问题，造成水污染、土壤污染、大气污染等，各个地方亦没有做好追责工作。思想上不主动是最根本的问题，是最大困难。

部分基层组织的政府工作人员专注于长期利益，而忽视短期利益，忽视了开展日常环境保护工作。

（1）未能贯彻落实环境保护政策。

云南是集边疆、山区、民族、相对贫困为一体的经济欠发达地区，农村干部选拔的门槛较低，基层领导干部群体的平均年龄较大、村干部领导班子整体学历不高。基层在办事时，只注重于“环境保护”口号，在实际操作时因担心影响地区经济发展而排斥生态保护工作。云南地区乡村环境污染达到什么程度、现存状况如何、怎样治理、治理成果程度都没有进展，没有一个确定的标准，没有执行任务的标杆，缺乏生态环境这一块的内容。乡村生态环境保护法律法规不健全。在云南城市地区，有相对健全的法律法规，有针对城市工业化产生污染的政策措施，政府和人民都积极参与。而在乡村却没有合适的生态保护法律法规，许多破坏生态、损害生物链的行为得不到制止和处理，违规成本也相对较低，无法形成约束；即使有相应的惩罚，也很难付之行动。在乡村落实环境保护政策是一项大工程，既需要考虑当前云南省乡村发展程度，也需要考虑村民、村干部接受程度，更需要考虑这些政策是否会损坏部分人的利益，需要全面平衡，做到精准化、服务大众化，将困难变成机遇。

（2）经济管理方法实施不灵活。

存在两种情况：一种是定期检查。在定期检查过程中，工作人员不懂变通，严格按照工作条例，村民也会提前做好准备，这便失去了检查的意义。另一种是不定期检查。村民们会在当下做好准备工作，过了当下卫生情况依旧。卫生检查流于形式，环保意识未能在农民心中扎根。流于形式奖惩机制需要健全，乡村生态振兴不仅需要法治保障，还需要制定相应的

---

① 陈宇婧：《乡村振兴战略背景下农村生态文明建设研究》，硕士学位论文，湖北省社会科学院，2020 年。

奖惩机制。法治保障使乡村生态环境遭到破坏时，村民、村干部有法可依，配套的奖惩机制保障政策的有效颁布和实施。基层在管理乡村时一定要做到工作方法灵活，保障农村环保工程顺利进行，保障乡村环境生态宜居。

二、经济层面：农村生态文明设施建设资金与技术欠缺

农村生态环境建设是一项重大工程，不仅需要资金投入，还需要技术支撑。长期以来，由于传统的城乡二元经济结构一直存在，云南省城乡生态环境建设方面存在较大差距。

（1）农村生态环境建设对政府投资资金依赖程度高，缺少投资渠道，缺乏人力、物力、财力的保障机制，无法有效满足乡村生态环境治理需求，经济基础薄弱导致乡村生态环境设施建设不到位。

①乡村生态建设集资渠道少。由于工业化进程，乡村反哺城市，农村地区本来就面临着严重的生态污染，各个投资机构看不到乡村未来经济收益，不能吸引社会投资者。虽然在农村投资一些项目可以获得投资收益，如乡村旅游、乡村种植、乡村生产等，但这些产业的产业链存在投资风险大、投资周期长、投资回报率低等问题，无法扩增社会资金；且大部分云南乡村地区经济发展水平低，地理位置偏远，乡村资源整合困难，无法保证投资者的未来收益。尤其是旅游业，乡村建设与生产，游客交通都没有城市地区方便，给当地建设和发展带来了很大的困难。

②乡村生态建设投资比例低。由于早期不关注乡村生态问题，秉持“先污染、后治理”的理念，给现在乡村生态环境治理带来了重大挑战。云南省近年来对生态建设与保护投资金额整体上随年增加，但占整体投资金额比例较小，层层拨款，到乡村后所剩无几。云南省对林业的总投资也在逐年增加，但是生态建设与保护投资占林业总投资比例较少，用在乡村生态建设上的比例更少，真正用在环境建设上面的资金无法支撑乡村维持正常环保运行。从事环保的人大都是留村年老者，工作能力和工作热情，以及创新意识、工作质量都无法得到保障。

③过于依赖政府资金。乡村生态建设是一项大工程。乡村绿化、乡村景观改造、乡村环境治理是一项连续的工程，中间不能断，所以需要源源不断的资金，目前乡村生态建设大部分资金来源都是政府拨款，这种单向输入限制乡村生态环境更好地发展。许多企业等单位也不愿意来到偏远乡村建设投资，所以必须想办法扩宽资金来源，保证后续资金投入，才能使乡村的天更蓝、水更清、草更绿。这也是目前乡村生态环境进一步优化的困境所在。

（2）农村生态环境设施建设配套不足。尤其是污水处理问题，在农村污水处理厂较少，没有其他地下管道和排污装置，环卫清运等问题突出。同时，农村生态环境治理技术因素也没有发挥出重大作用。

①农业技术不成熟。首先，农业生产中缺乏治理污染物的装备和统一的技术评估标准与使用指南。农民在农业生产过程中缺乏专业技术人员指导，仍延续传统的农业生产方式，再加之农业生产技术成本高、资金有限，农民没有渠道熟练掌握农业技术，农业技术发展困难。其次，农业技术创新者和农业技术使用者是分开的。农业技术的生产者对农业的生产、加工、

创新有相对成熟的了解，但大多数农业技术的使用者不能完全掌握农业技术，尤其是在乡村，大多数农民受限于自身的教育，不能更充分地掌握农业技术的使用方法。最后，农业技术创新资金匮乏。又回归资金问题，在乡村很难有一个平台去专门创新研究农业相关技术的使用和创新，没有相关机构，也没有相关的法律保障，乡村的生态保障很难进行下去。且在乡村农业技术的使用成本高，乡村居民很难能够去花费资金使用这样一个技术，最后只能在原来的技术上停步不前。

②绿色技术覆盖面窄。绿色技术是指能减少污染、降低消耗和改善生态的技术体系。在乡村，保护环境的意识、生态改造的知识、绿色技术创新的能力都存在盲区。农村居民没有环境保护的意识，不理解绿色发展的价值，就不接受生态改造的知识。同时受限于地理位置、教育年限、传统信息的影响，没有绿色技术创新的能力，绿色技术在乡村覆盖面窄，无法有效发展绿色乡村，改善乡村生态环境。

③技术推广困难。技术推广工作受多种因素限制，垃圾污染物处理技术受限于成本，乡村现行方法是由村干部指定垃圾回收站定期回收，垃圾污染问题在一定程度上有所好转，但长期下来成本问题仍需考虑，垃圾分类更没有进行到位；生活污水处理受限于地域，在乡村大部分生活污水、农业废水都处于无序排放状态，长年累月已经成为一种习惯，改革难度大。技术上创新也存在一定困难。农地污染治理技术引入困难。现阶段，农村土地在种植的大都是老人，没有进行科学种地，学习农业绿色技术困难。超量化肥、农药使用、土壤污染、水污染、空气污染问题层出不穷，技术推广问题需要重视。

三、文化层面：生态文明教育和宣传的力度与渠道有限

生态兴则文明兴，生态衰则文明衰。农村生态文明建设是乡村环境治理的一大主题。[①] 大部分农村居民环保意识薄弱，习惯将自身置身于生态环境保护的责任之外，而科普教育和农村环境保护宣传对乡村生态文明建设影响极大[②]。

（一）教育形式不完善

在农村生态文明教育过程中，主要采取单一传授方式。采取“一刀切”形式，未对人群进行分类，使教育效果极差。

1. 在农村传播生态文明思想形式单一，方式简单，只停留在思想建设上，未能够经过具体实践实施

在乡村生态文明传播方式是广播，这种形式在刚开始时有一定效果，但时间一长，人们

---

① 李君轶、傅伯杰、孙九林等：《新时期秦岭生态文明建设：存在问题与发展路径》，《自然资源学报》2021 年第 36 卷，第 10 期，2449-2463 页。

② 周伍阳：《生态振兴：民族地区巩固拓展脱贫攻坚成果的绿色路径》，《云南民族大学学报（哲学社会科学版）》2021 年第 38 卷，第 5 期，72-77 页。

的惰性就会展现出来，会自动忽略播放内容，给农村居民留下的印象不深刻，起不到教育效果。在具体上，需要基层组织想办法组织一些活动宣讲，或者以做游戏、表演节目等形式加深村民印象，扩宽教育形式。

2. 在乡村缺乏图书馆、阅览室等教育基础设施

乡村的生态环境发展受限于经济发展，所以比不上城市的教育措施。没有图书馆、阅览室，就没有精神食粮，乡村居民也就没有时间去这些地方闲情散座，大家都忙于为家庭生存奔波。所以在乡村基层要充分考虑这些原因，在乡村的边边角角设置一些阅览书亭，使乡村居民在奔波走路中可以停一停、看一看、学一学。

3. 乡村基层对生态文明教育理解不到位

由于乡村基层不重视乡村生态问题、环境问题，只关注经济发展，从而导致生态文明教育宣传不到位，形式单一，导致村民也只关注经济发展，而忽视生态文明建设。思想是很难从根本上改变的，生态文明建设不是一朝一夕的事情，需要我们齐心协力，一点一点探索，才能找到适合乡村发展的生态文明建设之路。

（二）宣传力度不足

在乡村生态文明建设宣传中，主要以广播、贴标语为主。农民对此关注度不高，并没有切身参与到宣传活动中，也不能感同身受地参与生态文明建设。

1. 乡村政府基层问题

乡村政府基层对生态文明建设没有一个相对完整的规划。只是对上层文件进行照搬实施，没有结合所在乡村实际情况，导致所用方法可能并不适合自身乡村发展；相关政策落实宣传不到位，在个别乡村甚至还没有针对生态文明建设的相关政策、文件，没有利用好基层组织接近村民的有利条件，导致生态文明建设停步不前。

2. 乡村农民认识问题①

乡村居民没有生态文明建设的自觉性。接受生态文明建设知识较少，乡村居民为了生存很容易忽视生态问题，也缺乏关于生态文明的法律知识，不知道如何使用和维护自身的权利和利益。农民参与生态文明建设的权利没有合适的平台，没有合适的渠道表达自己对乡村生态环境建设的意见、观点。生态文明建设农民应该成为主体，但农民的积极性、主动性没有充分发挥。生态文明建设的维护力度还需要继续加强。

3. 乡村环境限制问题

生态文明建设限制于目前乡村发展程度。如果乡村本身社会秩序有序，邻里和谐，在此基础上建设生态文明就很容易。如果乡村本身就处于散漫状态，基层组织不给力，村民之间不和谐，在此基础上建设生态文明就很困难。目前的困境是云南乡村的生态文明建设发展不一，需要各个乡村建设发展自己特色的生态文明。

① 温暖：《多元共治：乡村振兴背景下的农村生态环境治理》，《云南民族大学学报（哲学社会科学版）》2021 年第 38 卷，第 3 期，115-120 页。

（三）宣传渠道有限

宣传渠道主要以广播、开小会为主，未能得到村民时刻关注。没有充分借助网络媒体的力量，使宣传效果大打折扣。也未能充分利用乡村公共场地进行宣传讲座，使生态文明理念不够深入人心。

1. 宣传设施不健全

乡村不比城市，在城市有一定的区位优势，可以借助发达的交通、惊人的电子媒体及思想更前卫的人群，所以有建设生态文明的优势。而乡村没有可以宣传生态文明建设的平台，只能借助微薄的广播力量、村干部的嘱咐、村民的自觉及政府推动。所以云南省乡村应关注乡村宣传的基础设施建设，建设多媒体展板，村民集中学习大会堂，利用各种形式宣传生态文明。

2. 宣传机制不健全

现阶段，乡村生态文明建设的宣传没有定期性，缺少一个总的规章。生态文明建设程度也没有考核标准、考核制度。可以借助工作考核制度来建设生态文明建设制度，从理论教育、经费投入、舆论宣传、文明建设等方面设置考核，通过量化建立生态文明宣传机制。只有将生态文明理念深入贯彻到农民日常生活，才能从根本上改变乡村生态环境状态。

四、制度层面：农村生态文明建设政策与机制不健全

健全的乡村生态环境政策与机制是推动乡村振兴战略有效实施的重要保障，是乡村生态环境可持续发展的重要手段。云南省通过近年来脱贫攻坚和乡村振兴战略实施，乡村治理已经迈上了一个新台阶。然而关于乡村生态环境治理更多的是停留在最初的顶层设计，相关政策和机制是缺位的。

（一）相对落后的绿色发展机制

1. 云南省生态环境检测预警体系不健全

缺乏统一的环境监测预警标准和硬件设施，无法保证生态数据在传输过程中精准对接。在乡村没有各种环保检测机构，也没有相关专业人员、检测设备，无法满足乡村生态建设的各种要求，乡村生态检测存在盲区。面对传统农业发展带来的生态环境污染，难以有效地根据市场和环境作出反应，且难以调动农民积极性，不能从根本上改变农民生产和生活方式。在乡村更缺乏相对完整的绿色发展机制，农民生产没有绿色认证和标识体系，生活中没有使用绿色产品的习惯，更没有绿色消费能力，导致绿色消费理念、绿色发展理念落后。

2. 绿色能源开发利用机制落后

云南省部分乡村仍旧采取不可再生能源发电。缺乏针对乡村绿色用电的统一规划，针对乡村发电的经营模式，缺乏对农村电网建设组织。且农村电网技术、电力交易需要创新。农村电力相关产业的绿色能源成本没有合理标准，缺乏绿色能源的技术、装备、人才，缺乏煤炭、石油、天然气、氢能产供储销体系。缺乏相对完整的区域龙头水库电站，没有水库储能、

运行调节和应急调用能力。

（二）不健全的发展管理机制

在乡村没有专门的环境卫生部门[①]，职责分工不明确，公众参与度低，政府部门管理缺位。

1. 关于生态环境保护的政策、法律法规、教育机制不健全

许多乡村的生态环境保护法没有结合乡村实际情况，没有考虑居民接受程度和意愿，且宣传形式单一、宣传方法单一，没有充分利用基层组织能近距离接近群众心声的机会。基层组织在乡村生态环境治理中扮演着重要角色，它是连接政府和人民群众之间的桥梁，只有桥梁建设好，才能更好地建设乡村生态文明。

2. 缺少乡村居民对乡镇基层对话的平台

乡村居民的内心想法最能反映乡村管理问题，他们的需求就是乡村建设的目标。需要搭建与农民、环保组织和乡镇企业的对话平台，保证各项环保信息的畅通传达和有效理解，做到农村环境立法、执法各个环节的信息公开，增强治理过程的透明度。

3. 政策和机制建设与乡村实际不结合

没有充分考虑农村各自的历史演进和生态环境实际情况。乡村居民对农村生态环保的方式不因地制宜，也不因时制宜，没有充分结合。面对乡村的生态环境治理，要充分了解乡村历史、乡村发展实际、乡村生态文明建设程度，采取民意调查、座谈、访问等形式充分了解民意，并将收集到的意见结合村庄实际改革，让村民切实参与到生态建设中。

（三）生态环境保护政策没有“特殊性”，只有“普遍性”

近年来，云南省针对环境保护提出一系列政策：《自然保护地生态环境监管工作暂行办法》《云南省生态环境违法行为举报奖励办法（试行）》《云南省地方级自然保护区调整管理规定》《发挥有机物排污收费试点办法》等。这些政策大都是以城市和“普遍性”为主，忽视了农村地区的“特殊性”，无法真正地与乡村生态振兴相契合发挥作用。

2020年云南省生态环境厅、云南省财政厅印发《云南省生态环境违法行为举报奖励办法（试行）》，明确生态违规的惩罚和措施。为进一步加强社会监督，鼓励公众积极参与生态环境保护工作，严厉打击生态环境领域违法行为，保障公民、法人和其他组织环境权益作出了政策保障。也为《中华人民共和国环境保护法》《中华人民共和国大气污染防治法》《中华人民共和国水污染防治法》《中华人民共和国土壤污染防治法》《中华人民共和国固体废物污染环境防治法》《中华人民共和国放射性污染防治法》等相关法律法规的实施提供了保障，在涉及这些法律的时候做到有规定可依，也为云南生态环境部门查处的生态环境违法行为提供了依据。环境保护的政策和机制不是一朝一夕就能建立的，它需要长期与人民群众磨合、接受、吸收，长久坚持，必然会建设生态宜居、美丽和谐、生态文明的乡村。

（执笔人：杨怡　谭鑫）

---

① 沈辉：《乡村生态振兴的现实难题与破解路径研究》，《生态经济》2021年第37卷，第9期，196-200页。

第五讲　路径之讲

第一节　加强乡村生态系统保护与修复

党的十八大首次把生态文明建设纳入中国特色社会主义事业“五位一体”总体布局，为我国农村生态文明建设和可持续发展提供支撑和保障。党的二十大也明确提出推动绿色发展，促进人与自然和谐共生，要提升生态系统多样性、稳定性、持续性[1]，并从多个角度搭建起生态系统保护与修复的框架路径，完善健全了我国生态文明建设的顶层设计。在这个新形势下，生态文明建设被提到空前的历史高度和战略地位，梳理农村生态系统修复及其保护成为研究重点。实现乡村振兴，需要打造生态系统保护工程，要转变经济发展方式，要以自然修复为主，突出保护优先。加大农村生态修复工作，重点解决乡村生态和人居环境问题，让乡村既有“绿水青山”的风貌又有“金山银山”的价值，走一条生态文明引领的乡村生态振兴之路。

一、加强乡村生态系统保护

乡村生态系统是一个以自然为主的半人工生态系统，是乡村区域内由人类、资源、各种环境因子通过各种生态网络机制而形成的一个社会、经济、自然的复合体。加强生态系统保护是更好地治理环境、保护生态的客观需要。生态得到有效保护，环境问题就会得到改善，环境治理的压力就能减轻，特别是加大生态的系统保护更是系统治理环境的重要途径。

（一）加强农产品产地环境保护

农产品产地安全状况不仅直接影响到农产品安全，而且直接关系到生态环境问题。

1. 强化农产品产地源头防范

防治产地环境污染和生态破坏必须对农产品产地环境加以保护。

（1）开展涉重金属企业排查。了解企业生产状况，准确填报企业环保手续履行情况，废气、

① 习近平在中国共产党第二十次全国代表大会上的报告：《高举中国特色社会主义伟大旗帜 为全面建设社会主义现代化国家而团结奋斗》。

废水中镉、汞、铅、砷、铬排放情况及自行监测落实情况，进一步掌握企业重金属排放情况，并对涉重企业周边耕地开展采样调查。对存在环保手续不全、环保要求落实不到位、土壤污染有隐患的企业纳入整改清单，同时对是否应纳入重点排污单位提出建议。

（2）严格执行环境标准。正所谓，标准决定质量，有什么样的标准就有什么样的质量。严格执行环境标准，加强排查整治，严厉打击涉重金属违法排污行为，消除工业排放土壤污染隐患，护航绿水青山，守好可持续发展空间维度。

（3）控制重金属污染物进入农田。开展重金属污染整治，推动涉重金属企业实现全面达标排放，切断重金属污染物进入农田的链条。

（4）加强灌溉水质管理。根据水质检测项目和范围，定期开展灌溉水水质检测，对于灌溉水水质达不到标准的，应加大检测次数，并不得用于农业灌溉。

2. 加强农产品生产过程监管

开展耕地土壤污染状况详查，实施风险区加密调查、农产品协同监测，进一步摸清耕地土壤污染状况，明确耕地土壤污染防治重点区域。在耕地土壤污染详查和监测基础上，将耕地环境质量划分为优先保护、安全利用和严格管控三个类别，实施耕地土壤环境质量分类管理。

（1）对优先保护类耕地，进行重点保护。加强化肥、农药、农膜等农业投入品使用管理，推进农业投入品包装废弃物回收及无害化处理。

（2）对安全利用类耕地，制定“一地一方案”。科学确定技术路径。优先采取农艺调控、品种调整、优化施肥等风险管控措施，阻断或减少污染物和其他有毒有害物质进入农作物，确保农产品的质量安全。定期开展耕地土壤和农产品质量安全监测，根据监测结果，及时优化调整安全利用措施。

（3）对严格管控类耕地，根据种植基地土壤、水体、空气中污染物状况等因素，对不适宜特定农产品种植的严格管控类耕地，确定特定农产品禁止种植区域。合理选择种植品种，调整种植结构。加强耕地和农产品质量监测，组织农业企业进行农产品质量自检，对各种植基地进行定期抽检。

（二）推进农业资源养护

要坚决把农业资源过高的利用强度缓下来，让资源更好地服务于农业生产的同时也能保证资源的永续利用和发展。

（1）坚持可持续发展，在农业发展中，任何资源都不能浪费，都有实现它价值的方法，不要怀着只管眼前不顾长远的想法。

（2）发展节水农业，农业发展离不开水，尤其在旱季，缺水时农作物生长情况差，产量低，缺水对土地的破坏也很大，影响土地肥沃度。

（3）科学灌溉，让农田的每一处都能够得到充足的灌溉，同时又不浪费水资源。

（4）不过量使用农药，为了提高产量，加快农作物的生长速度，现在多数从事农业的生产者都在大量使用农药，而这样做既不能保证农产品健康，同时又使农药残渣渗入地下，对土地的破坏程度巨大，影响微生物的繁衍生长，从而导致土地紧实不肥沃，透气性差。

（5）轮间种植，一处农田，每年根据不同月份和不同农作物的特性，可安排三轮甚至四轮的作物种植，科学利用土地的同时，又达到了经济最大化。

（6）土地休整，过量使用的土地，土质差，对农作物生长不利，这时需要休养土地，让土质得到恢复。

（三）加快构建乡村生态环境保护制度体系

1. 构建农业绿色发展制度体系

贯彻落实中共中央办公厅、国务院办公厅印发的《关于创新体制机制推进农业绿色发展的意见》，建立农业产业准入负面清单、耕地休耕轮作、畜禽粪污资源化利用等制度。

2. 构建农业农村污染防治制度体系

推动建立工业和城镇污染向农业转移防控机制，构建农业农村污染防治制度体系，加强农村环境整治和农业环境突出问题治理，加快补齐农业农村生态环境保护突出短板。

3. 构建多元环保投入制度体系

建立健全以绿色生态为导向的农业补贴制度，推动中央资金的投入向农业农村领域倾斜。培育新型市场主体，推动农业农村污染第三方治理。

二、推进乡村生态修复治理

（一）实施湿地修复治理

1. 开展湿地治理

组建湿地治理工作小组，对各类湿地进行排查整治，着力维护湿地生态系统完整，确保湿地面积不减少，湿地质量不下降。坚持“保护优先、科学恢复、积极拓展、适度利用”的原则，采取恢复与治理，污染控制等人工适度干预措施，加大湿地生态系统的整体性保护与恢复力度，并对湿地垃圾进行综合治理。

2. 加强监测修复

对湿地植物和水禽等主要物种的种群动态、物种行为、栖息地和环境条件等进行监测，掌握湿地范围内受保护物种的种群动态、物种行为、栖息地和环境条件的变化情况。同时，制订实施管理计划，在遇到突发性灾害时有防范和应对措施。对自然湿地功能退化、破碎化等情况及时整治处理。

3. 强化监管整治

组建巡逻管护队伍，定期在辖区内进行巡护，防范和打击破坏湿地的违法行为。同时，组织森林公安、镇街等相关单位开展联合执法行动，对随意侵占和破坏湿地的行为坚决予以制止，并要求限期采取补救措施，恢复湿地自然状况和生态特征。加强日常巡查，杜绝乱捕滥猎野生动物资源违法的行为发生。

（二）林草植被修复治理

1. 更新造林

对因树种选择不当、病虫害危害严重的重度退化林，可分片、分步进行采伐更新修复。各地应在采伐限额上优先安排、快捷手续办理流程，并将采伐手续和设计，与更新造林设计一并要求，规定一定时间内完成更新造林。

2. 补植补造

对纯林和景区、国省道和旅游沿线观赏价值低的退化林及其他需要修复的退化林可以通过补植补造来修复提升。

3. 抚育改造

对密度不合理、抚育管理不够、经营不当及有病虫危害等的退化林，可以通过防治病虫害及抚育等手段进行修复。在抚育中，应根据不同退化林类型选择不同的抚育方法，对于受病虫危害的林带及经营不当的纯林，通过透光伐、生长伐、卫生伐等进行育林择伐。对沿线属国家和省级公益林、退化林，通过抚育、补植等措施，解决林分过密或过疏、树种单一、生长不良等问题，提高林分质量，促进林分健康生长和生态功能提升。对因管理不善造成经济效益低下的经济林，通过复壮、嫁接、水肥管理等措施修复，促进高产增效。

4. 封山育林

对人工作业困难的高山、陡坡，且土壤气候条件较好的退化林，可通过封山育林等方式进行修复。封山育林修复要与补植补造相结合。实施国家退化林修复项目的单位，退化林修复后形成的林分应是以乔木林为主的混交林和以材用林为主的竹林。

（三）加快农村“四荒”资源修复治理

1. 做好开发规划

组成农村“四荒”资源治理开发规划班子，编制治理开发“四荒”资源的规划报告、“四荒”资源分布图及统计表等基础资料。规划要做到实事求是，不属于“四荒”的不能纳入“四荒”范围；界限不清、权属有争议的，待界限清楚、明确权属后方能纳入范围，以免造成新的资源破坏和管理混乱。

2. 制订实施方案

落实治理开发措施。根据总体规划，各乡（镇）、村对需开发治理的“四荒”资源逐片逐块制订治理开发方案和水土保持措施，坚持以治理促开发、以开发促治理的方针，因地制宜，以小流域为单位进行综合治理，确保“四荒”资源的永续利用。

3. 加强监督管理

坚持最严格的耕地保护制度，切实保护基本农田，切实保障农地农用。租地企业（组织或个人）要严格按照合同约定在租赁农地上直接从事农业生产经营，未经承包农户同意，不得转租。要指导租地企业（组织或个人）合理使用化肥、农药等投入品，防止出现掠夺性经营，确保耕地质量等级不下降，并且各地要强化租赁农地的用途管制，采取坚决措施严禁耕地“非农化”。

（四）加强矿山环境修复治理

1. 强化工作举措

成立工作专班，压实包村干部包片包矿责任，对重点矿区、重点环节安排专人跟踪监控，全力做到工作有布置、有措施、有落实。

2. 强化巡查排查

联合应急、环保、国土、公安等部门对辖区矿山进行拉网式排查，严格落实昼夜巡查排查制度，增加巡查排查的频次，“一矿一策”分类建立生态修复整改台账，集中人员、时间、精力，确保整治工作落到实处。同时，实行日汇报日通报，切实履行好监督管理和属地责任，督促各矿山企业履行好生态修复责任。

3. 强化督导监管

要求各村、各相关部门、矿区企业要压实工作责任，加大督查监管力度，对在整治过程中行动迟缓、履职不力，影响全区矿山综合整治和生态修复工作大局的相关部门和人员进行约谈。

三、优化乡村机制体制建设

乡村机制体制是乡村治理的制度规则，是实现乡村治理的有效途径，在一定程度上约束着人们的行为。要实现乡村可持续发展，需要制定权威的制度体系。构建农村乡村机制体制，明确政府地位、鼓励多方主体参与，发展农村多元治理体系，要坚决破除体制机制弊端，维护乡村经济稳定发展。

（一）构建农村生态保护考核机制

我国农村环境保护机制的效果要从构建一个合理科学的农村生态保护考核机制进行评价考核体现出来。

1. 优化制度，构建奖惩体系

充分发挥政府干预与市场化手段，将外部成本内部化。

（1）要对保护、改善生态的行为进行相应的奖励，提高各主体对生态保护的重视程度，鼓励人们积极投入环境建设与保护中去。

（2）要对破坏环境的行为进行惩罚，制定相应的规章制度来保障政策的实施，严厉打击危害生态环境的行为，为生态环境保护机制的运行提供切实保障。

2. 健全法律法规体系，完善生态环境保护规范标准

生态文明建设要上升到法律法规的高度，让生态文明建设有法可依。要填补农村生态环境保护法律空缺，对农村生态环境管理和污染防治进行详细的规定。例如，生活垃圾处理、污水排放问题、农药及地膜使用等。

（1）要提高执法能力，做到执法必严。各单位、部门要加强学习习近平总书记的生态文明精神，切实把增加自身生态理念放在重点位置，不断增强自身的环保意识、文明意识和法律意识，努力把生态环境保护法律法规落到实处。

（2）要做到坚持问题导向，违法必究。要协调各相关部门，把生态治理作为一个长期性的工作来抓，围绕相关法律法规针对问题重点，实现精准发力，要充分体现执法的严肃性，做到发现问题一查到底。相关执法部门要定时定期对农村生态情况进行检查，不放过任何一村一户，实现执法范围的全面覆盖。

3. 强化法制管理，提高执行能力

（1）提高守法敬法意识。相关干部要组织定期进行法律法规知识学习，提升自身法律素养。推选尊法模范、学法模范、守法模范和用法模范，做好全体人民的典范①。

（2）增强党内法规执行能力。认真严肃查处执行党内法规打折扣、搞变通或者选择性执行等问题，及时纠正法规执行过程中的畸轻畸重甚至违法违规等问题。保障执行过程的合法性和合理性，提高依法行政的水平和能力。

（3）发挥各方主体的监督作用。有效发挥社会群众在生态保护监督中的积极作用，协同发力。群众监督是外部监督的重要形式，是构建党统一指挥、全面覆盖、权威高效的监督体系的重要一环。必须进一步强化群众监督，使其与党的自我监督同向发力。

（二）建立财政支撑机制

要加大生态环境投入力度，健全资金投入机制。

1. 政府要加大对农村生态环境保护工作的扶持

（1）积极为农村生态环境修复争取生态建设资金。根据国家政策导向，与相关部门密切配合，着力加大地方政府专项债券资金争取力度，对生态环境保护重点项目进行申报，为生态环境持续提供资金保障。

（2）打破政绩思想的束缚。虽然农村的环保工作并不能直接带来财政收入和经济效益，具有较强的外部性，但是干部要重视生态保护工作的重要性，要将农村环境综合整治纳入重点民生工程，安排足额资金，推动生态保护工作持续开展。

2. 鼓励多方力量参与，投资渠道多层次、多元化

由于云南部分农村地区生态系统受损退化问题突出，生态保护修复任务量大面广，所以农村生态财政资金的投入不仅仅是政府单一化投资，更应该鼓励农民和集体及社会多方力量参与投资。

（1）鼓励社会资金参与，倡导农民自身投入。作为环境保护成果的受益者，要加大财政奖补，激发积极性，调动共同投资，通过投资、捐助等方式来参与到生态保护建设中来，打破主要依靠财政投资的单一局面，减轻各级财政的压力，让各方力量都参与到环境整治中来，改变边保护边污染的局面；完善扶持政策结构，推动绿色循环发展②。

① 杨运星：《生态经济、循环经济、绿色经济与低碳经济之辨析》，《前沿》2011 年第 8 期，94-97 页。

② 王筱萍、刘文华：《农业循环经济分层绿色融资模式研究》，《经济问题》2020 年第 2 期，109-117 页。

（2）突出投资重点。着力保障重点环保项目和重大环保政策的落实，资金投入重点向生态环境影响较大、人民群众反映强烈的项目倾斜。例如，饮水安全、人居环境整治等方面。

（3）建立生态奖补机制，发挥财政资金引导作用。

（4）整合各部门资金，避免重复投入；加强资金监督管理，确保规范高效使用。严格按照规定对资金流向跟踪监控，确保资金切实解决生态问题，并对资金分配信息进行公开发布，确保信息的透明性和真实性；发现挪用公款、滥用职权等违法违纪行为，要依法追究其责任。

（5）加强农村集体经济组织审计监督，做好日常财务收支等定期审计，开展专项审计，建立责任追究查处制度，防止侵占集体资产。对集体资金管理混乱的村，县级党委和政府要及时组织力量进行整顿，防止和纠正发生在群众身边的腐败行为。

（三）建立生态补偿机制

进一步将农村的生态优势转化为发展优势。

1. 完善农村生态补偿组成要素，确立农村生态补偿范围

目前，生态补偿的范围主要是对森林、湿地、草地、耕地等生态环境价值进行衡量，应分配相应的生态补偿资金，设立科学灵活的生态补偿体系。

2. 加大财政投入，加快推进绿色环境的修复

（1）要以政府投入为主，将生态补偿资金纳入财政预算中，加大对生态补偿和生态环境保护的支持力度[①]。

（2）要吸引社会资金投入，拓宽路子、合理并举，遵循“谁投资、谁受益”的原则，激发社会参与积极性，鼓励社会资金参与生态建设与环境整治[②]。

3. 建立健全相关政策

（1）要灵活生态补偿政策。①协调城乡利益，农村经济效益低，生态资源丰富，城市却反之，所以城市与农村应有不同的收费标准，并且农村应付出比城市更少的生态补偿费用。②构建城市对农村的专项生态补偿，不同企业不同收费标准，根据排污量进行收费。

（2）加强立法工作。健全法律法规体系，保障推进生态项目建设及环境管理的有效开展，让生态补偿机制法制化，做到有法可依、违法必究。

（四）完善乡村绿色发展监管机制

要实现乡村绿色发展，达到生态振兴的目标，就必须严格监管，生态文明才能实现长效管护。

1. 政府要各司其职

明确各个部门的责任和义务，避免职能重合，确保监管效率和质量[③]。将农村环境治理情况加入考核标准之中，要根除以环境换取经济发展的思想，定期对各村情况进行公示，形

① 李燕：《绿色发展视野下农村旅游小镇循环经济体系构建研究》，《农业经济》2019 年第 2 期，46-48 页。
② 廖五州：《发展绿色经济，打造“美丽中国”》，《人民论坛》2017 年第 12 期，68-69 页。
③ 曹少中、涂序彦、杨国为：《绿色循环经济与绿色设计》，《机械设计》2004 年第 4 期，1-5 页。

成长效工作机制。

2. 强化社会监督

鼓励各方力量参与，要落实各村民的环保责任和义务。

3. 建立监管标准

统一生态标准体系便于进行监管追责。为发展经济，农村环境身处高风险境地，长期性的生态破坏，粗放式发展导致农村环境不达标，合理的监管措施是农村环境可持续的保障。

第二节　加快发展农业循环经济

“十四五”期间国家高度重视循环经济的发展，国家发改委印发了《“十四五”循环经济发展规划》，明确了到 2025 年要实现循环型生产方式全面推行，绿色设计和清洁生产普遍推广，资源综合利用能力显著提升，资源循环型产业体系基本建立。并指出我国在“十四五”期间的重点任务：①构建资源循环型产业体系，提高资源利用效率。②构建废旧物资循环利用体系，建设资源循环社会。③深化农业循环经济发展，建立循环型农业生产方式。由此可以看出，解决生态环境污染、资源肆意开发等环境问题迫在眉睫，而发展农业循环经济对于推进资源循环利用，保障国家安全，实现碳达峰、碳中和，推进生态文明建设和社会的高质量发展都有明显的推动作用，对生态文明建设具有重要意义。

一、推进农业标准化生产

农业标准化要遵循简化、统一、协调、选优的原则，实现农业生产的指标化、规范化、科学化，达到高效、低耗的同时提高农产品的产量与质量，协调人类与自然的关系，以取得最好的经济效益和社会效益，促进农业的可持续发展。农业绿色标准化生产是农业产业化进程的需要，是保证产品质量的需要，是实现农业可持续发展的需要。要想实现传统农业向现代农业的转化，发展绿色循环经济，就必须走可持续发展的绿色农业，加快推行农业绿色标准化建设。

（一）加快制定农业标准化体系

1. 要制定标准化生产体系

体系制定标准：要在保证绿色的同时提升质量，推动农业的绿色高质量发展，促进农业生产方式向规范化、集约化、机械化转型。

2. 要加大力度支持科技人员指导标准化生产

通过技术培训强化人才队伍，组织科技人员与农户进行技术交流，深入农村调查并有针对性地提出解决措施，以确保农产品生产按照标准化生产技术规程实施应用，实现丰产优产。

（二）构建农业标准化信息平台

利用多种渠道来进行信息的宣传、交流及培训，进行绿色标准化生产指导。通过信息平台整合涉农信息和基础数据资源，为农村绿色生产提供有效的信息，让农民能获得产中、产前、产后全方位的信息，确保农村业务开展的相互协同和信息资源共享。

（三）强化标准化生产基地建设

根据各地区产业情况加大推进绿色标准化生产基地建设。地方要加大农技人员的投入，促进技术人才、资金等要素向绿色标准化生产聚集，对农户进行培训指导，培育示范基地，吸引企业投资，推动全区绿色标准化生产快速发展。各地部门要加大示范区建设力度，进一步扩大示范区域，增加示范品种，扩大标准化生产面积[①]，实现以点带面的效果，并为农民进行绿色标准化生产提供参考经验。

（四）强化农业标准化生产管理

首先，对生产全过程进行全方位监管。加强执法监管机构的建设，配置执法装备，加大生产监测力度，对生产过程中进行抽查和评估不合格的生产单位加大处罚力度，消除安全隐患。

其次，生产部门要对标准化生产过程透明化，积极接受相关检查部门的监督检查。并且在出现问题后积极进行配合，及时发现、总结问题、吸取经验。生产部门要落实责任，明确工作目标，细化工作内容，协调配合抓好整改标准化生产。

（五）加速农业标准化队伍建设

培养标准化人才、管理骨干、农业标准技术推广人员，初步形成一支业务水平较高的农业绿色标准化专家、管理和技术推广队伍，用以加强指导农村绿色标准化生产。加大工作力度，组织技术人员，深入生产第一线，搞好技术指导和培训，指导农民依靠科技，按照标准进行绿色生产。

（六）加快推进农业标准的实施

1. 要加快农业绿色标准化技术的推广

农业绿色标准化技术在现代化建设和实现推进乡村振兴工作中，对于社会资源和财力都具有积极影响，能极大避免发展过程中农业标准滞后问题的同时，也能实现农业的绿色可持续发展。但是由于相关政策支持力度不够、宣传不到位，导致农业大部分从业者绿色标准化技术掌握程度低、科技意识差，难以发挥其最大作用。因此，各相关部门和研究机构应定期

---

① 王筱萍、刘文华：《农业循环经济分层绿色融资模式研究》，《经济问题》2020 年第 2 期，109-117 页。

召开培训班，召集产业大户优先示范学习使用标准技术，集合各单位力量入户宣传，加强绿色标准普及，使生产种植人员充分掌握标准研发情况，提高农业生产的绿色标准化意识，并掌握标准化相关知识，进而自觉按照农业绿色标准要求进行农业生产[①]。

2. 要加快建设农产品绿色标准化生产示范区

要根据各地情况确立建设方案，选择合适的地段并选取适合的产品作为特色主导产品，实施标准化生产，推进带动当地农业发展，最终实现农民增收。

3. 要强化技术创新

技术是进行标准化生产的重要支撑，在生产过程中，要研究并积极推广新技术、新产品。

4. 要发挥品牌效应

鼓励创造具有优质性和创造性的主导产品。将品牌建设融入农业生产过程中，不断丰富品牌内涵，树立品牌自信，培育标准化并蕴含地方特色的农业品牌文化，加强示范区品牌经营。

5. 要重视发挥龙头企业农业标准化中的带动作用

龙头企业要发挥好引领带动作用，推进农业标准化实施。

（1）要加快创建标准化龙头企业。拓宽生产、壮大规模，持续做大企业产值。紧紧围绕标准体系，深入拓展建设大型农业集团和企业，通过龙头企业融合一二三产发展，打造标准化农业示范区。

（2）要加快产品研发创新的速度，满足消费者多方面需求，拓宽标准化覆盖范围。

（3）加强对农业产业化龙头企业的支持。支持龙头企业集聚更多的资金、技术、人才等要素，发挥龙头企业的主导地位，优化资源要素配置，利用龙头企业带动标准化农业的发展。

二、推动生产过程清洁化

（一）推动农业生产投入品减量

以“减量化、无害化、高效化”为中心，推广节肥节药技术，调整优化用肥结构，全面实施测土配方施肥，控制化肥投入总量、优化施肥结构、科学肥料运筹比例，提高肥料利用率。推进高效、低毒、低残留农药新品种的应用，推广低容量喷雾技术，加强病虫害综合防治，应用农业、物理、生物防治相结合，化学防治与非化学防治相协调的综合防治技术，减少农药用量。

（二）提升农业生产过程清洁化水平

改进农业生产技术，形成高效、清洁的农业生产模式。严格灌溉取水计划管理，大力发展旱作农业，全面推广节水技术，不断提高农业用水效率。深化测土配方施肥，推广水稻侧深施肥等高效施肥方式。全面推广健康养殖技术，推动兽用抗菌药使用减量。加快构建种植业、畜禽养殖业、水产养殖业清洁生产技术体系，大力推广种养加一体化发展模式。

---

① 黎祖交：《绿色财富与有机农业发展》，《绿色中国》2014 年第 22 期，38-45 页。

三、推动资源利用集约化

（一）推进土地集约利用

1. 要加强规划管控

（1）要编制实施“多规合一”的国土空间规划，优化空间格局，统筹各类各业用地需求，加强土地利用总体规划实施管理，强化规划整体管控。

（2）要建立土地利用总体规划指标台账，严格落实土地利用总体规划各项控制指标，按照建设用地总量和强度“双控”的要求，加强建设用地规模、布局和时序管理，从严控制新增建设用地规模，统筹安排土地利用计划。定期开展土地利用总体规划实施评估，加强规划实施动态监管。

2. 要严格节地评价

（1）要加强各类建设项目节约用地评价，严格执行用地定额标准，对确需突破土地使用标准确定的规模和功能分区的建设项目，应当通过节地评价严格把关。对国家和地方尚未颁布土地使用标准和建设标准的建设项目，应当通过节地评价合理确定建设项目用地功能分区和规模。

（2）要加强用地审核和评价监测。自然资源和规划局严格按照规定和要求，筛选超用地标准、无用地标准项目，委托评价单位编制节地评价报告，报请省自然资源厅组织节地评价审查，取得节地评价专家审查意见后，进一步开展用地预审和报批手续。通过节地评价审查，均符合修改完善后的土地利用总体规划，项目功能分区及功能规模合理，达到优化用地、规范用地的目的。

（二）推进水资源高效利用

1. 要大力研发节水灌溉设备，扩大节水农业的种植面积

可以建立节水农业技术体系，推广旱作节水农业技术，改变传统的浇灌方式，在运用的过程中输送和运水的技术，保障水资源的合理分配，避免水资源的浪费。

2. 发展节水灌溉技术

结合当地的实际情况采用节水灌溉方式，如喷灌、滴灌等技术方式，使水资源得到合理的利用。

3. 选用节水高产的农作物，提高农田整体水资源利用效率

通过以上方法来提高节水灌溉水资源的利用率，使水资源得到合理的利用，保障农业的发展，增加农作物的生产质量和效率的同时，有效减少水量的消耗和损失，实现水资源的高效和可持续发展利用的重要意义。

（三）加强农牧业废弃物资源化利用

1. 要强化源头管控

按照“谁产生、谁负责”原则，严格落实农户主体责任。市级相关业务单位定期对农户

开展服务和指导，督促农户规范处置畜禽粪污、秸秆、废旧农膜等农牧业废弃物，确保处理方式达到无害化要求，提升农牧业废弃物利用率。

2. 要加强政策扶持

出台农牧业废弃物资源化利用相关扶持政策，在支持建设畜禽粪污处理设施，推广农户使用有机肥料，在鼓励秸秆还田的基础上，对农牧业废弃物收贮、运输、施用环节进行相应的补贴。

第三节　加快推动农村生产生活绿色发展

绿色发展是以效率、和谐、持续为目标的经济增长和社会发展方式。习近平总书记指出，推动绿色发展方式和生活方式是贯彻新发展理念的必然要求，必须把生态文明建设摆在全局工作的突出地位，形成节约资源和保护环境的空间格局、产业结构、生产方式、生活方式，努力实现经济社会发展和生态环境保护协同共进，为人民群众创造良好的生产生活环境。党的二十大也明确提出加快发展方式绿色转型。提出推动经济社会绿色化、低碳化是实现高质量发展的关键环节。要加快推动产业结构、能源结构、交通运输结构等调整优化。实施全面节约战略……发展绿色低碳产业……倡导绿色消费，推动形成绿色低碳的生产和生活方式[①]。由此可见，绿色发展已经成为当今社会乃至全世界的重大课题，是建成社会主义和谐社会，实现人与自然和谐共处的重要因素。

一、加快推进乡村绿色生产

《中共中央　国务院关于做好2022年全面推进乡村振兴重点工作的意见》，即2022年中央一号文件发布。文件提出，要推进农业农村绿色发展，出台推进乡村生态振兴的指导意见。要推进农村现代化进程，最终实现乡村振兴的目标，就要走乡村绿色发展之路。面对日渐严峻的农村环境，粗放式生产方式对农村环境产生了较大的影响。为此奉行环境友好型的生产方式，构建绿色化、现代化的产业结构，摒弃传统的生产方式，推动乡村形成绿色生产理念、发展绿色生态模式。

① 习近平在中国共产党第二十次全国代表大会上的报告：《高举中国特色社会主义伟大旗帜 为全面建设社会主义现代化国家而团结奋斗》。

（一）健全农业绿色生产体系

1. 强化政策保障体系

推动农业绿色发展，需要正向激励政策和反向约束制度双向发力，健全政策法规保障机制，一体推进先行区农业绿色转型。梳理农业绿色发展政策、法规文件，在用好现有各项政策的基础上，系统地、有针对性地出台耕地地力保护、投入品减量、废弃物回收利用、资源节约等农业生态补偿激励政策和资源管控、环境监控、产业准入、市场准入等规章制度，进一步完善绿色政策支撑体系，全方位增加对农业绿色发展的支持力度。

2. 强化财政支撑体系

围绕农业绿色高质量发展目标，创新资金投入机制，夯实基础。通过争取各级财政支持，多方筹措建设资金，并对现有资金渠道进行整合统筹，形成聚集效应，同时吸引更多金融和社会资本参与农业绿色发展，形成政府引导、企业投入、吸纳民资等多元化的投资格局，全方位增加对农业绿色发展的支持力度。加大农业绿色发展扶持力度，扩大财政补贴覆盖面。既要对绿色技术研发和应用给予补贴，发挥科技创新作用；又要对农业绿色工程项目的建设给予补贴，发挥示范带动作用；还要对农民专业合作社、小农户等应用绿色农业技术生成农产品给予适当补贴，发挥引导鼓励作用；同时还可以在促进农业绿色生成的关键环节给予补贴。

3. 强化人才支撑体系

加强热带农业绿色科技服务的基层队伍体系建设，加大引进培育人才力度，健全农技推广服务机构。通过与科研院所和大学的农业技术研究团队合作，加强专业农技服务人员培养和招引，为农业绿色发展提供强有力的人才保障和技术支持。

（二）推动绿色生产技术创新

构建绿色生产方式离不开科学技术的支持，致力于循环化、低碳化的技术研发，大力生产环境友好型产品，减少对资源环境的损耗。积极推动传统农业的优化升级，改变过度依赖资源的粗放式生产方式，开发核心技术，为推进乡村绿色生产提供科技支撑，从而推动绿色化生产，降低因发展经济而付出的资源代价。

（1）联合科研单位、高校等各类创新主体共同研发，构建乡村绿色发展、技术发展“产学研”全链条创新网络。

（2）完善农业绿色科技创新成果评价和转化机制。探索建立农业技术环境风险评估体系，加快成熟适用绿色技术、绿色品种的示范、推广和应用。推广应用节地、节水、节肥、节种、节能等技术，整合科技资源，提高农业资源利用效率，实现农业可持续发展；大力推进农业标准化生产，降低农业投入品消耗[①]。

（3）推进技术帮扶和农技宣传推广工作。通过定期的职业和技能培训，使其掌握核心

---

①徐嘉祺、佘升翔、刘雯：《“双碳目标”引领生产生活方式绿色转型研究》，《理论探讨》2021年第6期，132-137页。

技术，培养现代化农民，保障生态农业的健康可持续发展。

（三）推动乡村绿色生产方式转型

生态振兴是一项系统性工程，既包含自然生态的保护，又包含人居及自然环境的修复。因此，农民生产方式的转型对生态振兴起着决定性作用。所以，要构建良好可持续的生态环境必须转变经济生产方式[①]。发展现代化农业，运用管理手段与科学技术，实现生态保护与经济效益的良性循环。强化人才和技术方面的支撑，利用科学技术提高农村生活垃圾分类处理的准确率，并进行无害化处理和利用，将垃圾进一步转化为资源，发展循环经济。

（四）加强农业绿色生产监管

1. 重点检查畜禽粪污处理设施配置情况、粪污处理利用情况、农药使用情况及人居环境情况

对于肆意喷洒农药、随意丢弃地膜、不定期清扫畜禽粪便等对生态环境及人居环境造成影响的农户，可以采取定期或者不定期的检查，对不遵守环境保护规章制度的农户给予批评，严重者要给予相应的罚款或追究其法律责任。

2. 明确和落实生态保护红线管控要求

生态保护红线是保障和维护国家生态安全的底线和生命线，是调整经济结构、规划产业发展、推进城镇化不可逾越的红线，是健全生态文明制度体系、推动绿色发展的有力保障。应严格遵守国家规定，生态保护红线内禁止城镇化和工业化活动，生态保护红线内现存的耕地不得擅自扩大规模。

二、积极倡导绿色生活方式

要实现农村绿色发展，推行农村绿色生活方式迫在眉睫。加强绿色消费理念的宣传普及，鼓励群众在日常消费中选购绿色、环保、可循环产品，减少使用一次性筷子、纸杯、塑料袋等制品。倡导从节约一度电、一滴水、一张纸做起，养成简约适度的消费习惯。习近平总书记指出，推进形成绿色发展方式和生活方式，是发展观的一场深刻变革。要从源头上解决农民对环境的忽略及对资源的不正当认识，树立新的价值观、消费观和生活观。

（一）倡导绿色消费

1. 鼓励绿色产品消费

主要通过间接补贴方式，提高节能产品推广效率，比如人们很容易享受到家电节能补贴。但其他产品补贴目前还比较少，因此要拓宽政府补贴绿色消费产品的范围，并采取多样化的补贴方式。

---

① 杨文杰、巩前文：《城乡融合视域下农村绿色发展的科学内涵与基本路径》，《农业现代化研究》2021年第42卷，第1期，18-29页。

2. 扩大绿色消费市场

通过税收优惠政策对生产者绿色生产及消费者绿色消费行为的引导力度有限，实施消费税的产品范围较窄、部分税率设置较低，还需从扩大非绿色消费品的征税范围、提供差别化税率等方面提升绿色产品的市场竞争力，进而形成绿色产品生产与普及的良性循环。

（二）倡导绿色出行

1. 要做绿色出行的践行者

倡导村民选择节约能源、减少污染、有益健康的绿色出行方式，如距离较远可选择公交车、新能源汽车，距离较近尽可能选择共享单车或步行。

2. 要做绿色出行的传播者

让我们在践行绿色出行方式的同时，主动宣传、倡导、推广“能走不骑、能骑不坐、能坐不开”的健康出行理念，带动更多人自觉参与到绿色出行中来，共建共享低碳、健康、有序、文明、畅通的农村绿色交通环境。

（三）倡导绿色居住

1. 加快发展绿色建造

推动绿色建筑、低碳建筑规模化发展，将节能环保要求纳入老旧小区改造。推进农房节能改造和绿色农房建设。因地制宜推进清洁取暖设施建设改造。全面推广绿色低碳建材，推动建筑材料循环利用，鼓励有条件的地区开展绿色低碳建材下乡活动。

2. 大力发展绿色家装

鼓励使用节能灯具、节能环保灶具、节水马桶等节能节水产品。

3. 倡导合理电器设备使用

持续推进农村地区清洁取暖，提升农村用能电气化水平，加快生物质能、太阳能等可再生能源在农村生活中的应用。

三、促进城乡建设绿色发展

党的十八大以来，以习近平同志为核心的党中央始终把统筹推进城乡生态文明建设放在治国理政的突出位置，开展了一系列根本性、开创性、长远性工作，我国城乡关系从城乡统筹步入了城乡融合阶段，协调推进乡村振兴战略和新型城镇化战略。绿色发展已经成为城乡发展的重要维度。在此背景下开展城乡破除“二元”结构壁垒，为城乡建设绿色发展注入新动能。

（一）推动基础设施绿色升级

随着社会的不断进步和人们对生活要求的提高，农村的基本服务水平和基础设施建设跟不上农民的需要，与城市相比较更是相差甚远。为满足广大农民日益增长的对美好生活的需要，要助力城乡绿色融合发展。

（1）我们要提高城乡基本公共服务均等化水平。

（2）落实地级市对农村基础设施建设和运行管理的资金投入，共享城市发展的成果，强化对农村生态环境保护的补偿；加强乡村地区交通、供水、供电、信息、垃圾、污水处理等设施建设和管护；实现城乡电网、路网、污水处理、网络通信等基础设施的融合。

（二）推动建造方式绿色转型

1. 要积极推广绿色建造

将绿色发展理念融入工程策划、设计、生产、运输、施工、交付等建造全过程，开展绿色建造示范工程创建，制定绿色建造评价体系和技术导则。

2. 要提升建筑能效水平

提升建筑节能标准，推广超低能耗、近零能耗建筑，推动零碳社区试点建设。推进清洁取暖改造及集中供热替代，加快太阳能、浅层地热能、生物质能、空气能等清洁能源建筑的应用，新建城镇居住建筑、农村社区及集中供应热水的公共建筑全面安装使用可再生能源热水系统。

（三）推动形成绿色治理模式

1. 要推进新型智慧城市建设

完善新型智慧城市建设标准和政策法规，开展城市信息模型平台建设，构建城市三维地质模型，以数字化、信息化、智慧化赋能城市建设管理。

2. 要推进智慧村居建设

以“互联网 + 村居治理”的思维，创新开发干群互动平台，以实现数字化管理，让村民实现云上学习、云上监督、云上议事、云上反映等。

第四节　加快推动实现农村绿色产业发展

党的二十大提出加快发展方式绿色转型……要加快推动产业结构……调整优化……发展绿色低碳产业……倡导绿色消费……[①]。随着乡村居民生活的改善，消费转型对绿色消费的需求越来越大。这一需求变化为云南省乡村生态振兴建设提供了新的市场支持，对农村绿色产业发展开辟了新的道路。目前，云南省农村绿色产业发展虽然取得了一些基础性的成果，

① 习近平在中国共产党第二十次全国代表大会上的报告：《高举中国特色社会主义伟大旗帜 为全面建设社会主义现代化国家而团结奋斗》。

但仍然普遍面临着绿色发展意识不坚定、绿色转型参与度和动力不足等问题，同时也受到农村绿色产业发展经营困难、绿色产业体系不健全、绿色产品覆盖率不高及相关法律法规不健全等问题的层层阻碍。绿色消费市场在乡村未完全成立之前，农村绿色产业发展很难形成规模化，需要规模化发展乡村绿色产业，发展特色农业产业、碳汇产业，延长乡村绿色产业链，促进绿色乡村发展。

一、加强农村农业产业发展

云南特色农业的高质量发展是乡村持续发展的必要条件。与传统乡村农业产业相比，现代农业建设及农业产业的发展有助于乡村生态文化建设，有助于乡村生活长久发展，更有助于乡村生态振兴目标的实现。

（一）发展乡村特色林草产业

要依托丰富的气候、土地、物种、自然景观等资源，因地制宜，在乡村大力发展特色林草产业，进一步夯实农民增收致富的产业基础，培育造血功能。要重点加大对特色经济林、林下经济、生态旅游、森林康养等生态产业的政策支持力度，积极培育新型经营主体，创新发展模式，建立一批对脱贫户增收带动作用明显、市场相对稳定、经济价值较高的特色经济林、林下经济和森林康养基地，全力推进乡村生态产业振兴。

（二）发展乡村特色经济林产业

综合考量全省特色经济林发展的规模基础、资源条件、地理区位、市场空间等因素，结合区域特色和规模效应，布局发展特色经济林产业。选择种植规模和投产面积较大、有产业基础的县（市、区）作为发展重点县，使特色经济林产业向最适宜区集中。以市场需求为导向，注重品质特色，因地制宜，精准施策，做优、做精特色经济林产业。充分发挥比较优势，结合全国和云南特色农产品优势区建设，在产业重点县（市、区）新建和改造一批栽培技术先进、配套设施完善、区域特色鲜明的名、优、特、新经济林种植和加工基地，推动品种改良和树种、品种结构调整，重点培育特色产品和优势产区，合理配置生产要素和市场资源，实现特色经济林产品供给持续增加。

（三）发展林下经济产业

在不影响森林生态功能的前提下，科学有序发展林下经济产业。如：发展林下种植、林下养殖、林下产品采集加工等，重点发展以林下中药材、林菌、林菜为主的林下仿野生种植，以林禽、林畜及林蜂为主的林下生态养殖，以野生菌为主的林下产品采集加工。建设一批规模适度、特色鲜明、效益显著、环境友好、带动力强的林下经济示范基地。培育一批林下经济龙头企业，支持科技含量高的企业申报高新技术企业，鼓励经营主体成立林下经济产业联盟。提升林下经济产品质量管理和品牌建设能力，完善技术和产品标准，提高林下经济标准化生产和管理水平。强化林下经济种植效益监测与评价。完善示范基地、经营主体、产品质量安全、流通体系、社会化服务体系和基础设施建设，全面提高优质生态产品供给能力，促进形成各具特色的、可持续的绿色林下经济产业体系。

（四）发展乡村森林康养产业

坚持全域统筹，在云南省各个乡镇分级分类建设森林康养基地，培育一批设施完备、建设规范、特色各异、服务优良、管理有序的标准化示范基地。充分发挥云南省独特多样的森林康养资源优势，依托森林生态环境、景观资源、食药资源和文化资源，以促进大众健康为目的，大力开展康复疗养、健康养老等森林康养服务。推动实施森林康养基地质量评定标准，创建标准化森林康养基地，提升森林康养资源质量，完善森林康养基础设施，丰富森林康养产品，打造森林康养品牌，提高森林康养服务水平。充分发挥云南省独特资源禀赋，建设世界一流的“森林康养胜地”，满足人民群众多样化、个性化、高品质的大健康需求。

二、推进农村碳汇产业发展

“绿水青山就是金山银山。”云南省有着丰富的森林资源、湿地资源，通过将自然资源转化为发展云南省乡村经济的动力，是云南省经济增长的重要体现，也是践行以碳汇经济为引领的绿色生产、生活方式的又一表现。实现“乡村低碳”目标是一场广泛而深刻的变革，不是轻轻松松就能实现的，云南省乡村应提高战略思维能力，把系统观念贯穿“低碳发展”工作全过程。

（一）发展林业碳汇产业

1. 加强云南省林业碳汇科技人才培养和建设

提升干部队伍能力素质，更好地适应新形势下林业工作发展的需要。培养林业碳汇人才，培养一批科学、管理学、环境学等专业复合型人才和绿色低碳技术创新型人才，吸引更多的人才加入林业碳汇领域。加强对林业碳汇人才的投资，扩大林业碳汇人才的建设和动态管理，进一步优化绿色低碳人才的培养方案，规范推进各项工作，营造积极向上、健康活跃、有条不紊的创新氛围。同时，研究制定林业碳汇人员的相关管理规章、评价标准、监管标准，形成林业碳汇创新的规范、效益评价方法、科学统一体系，让优秀人才渗透到绿色低碳领域。

2. 鼓励林业碳汇技术研发

实施林业碳汇技术创新攻关，是一个前瞻性、战略性、颠覆性的科技攻关行动。围绕清洁生产、节能环保、清洁能源等领域布局，聚焦乡村生态这一模块，做出前瞻性计划部署。培育建设一批林业碳汇技术创新中心、科技资源共享服务平台等创新基地平台。加强林业碳汇资源的统筹，发挥技术创新中心、科技资源共享平台的主体作用。聚焦在林业碳汇技术创新研发、决策、科研、结果等方面。充分发挥平台的作用，服务于乡村，发展于乡村。不断深化林业碳汇技术应用基础研究，攻关低碳前沿技术，实现绿色低碳核心技术自主可控。同时，还要关注成本，成本不能太高，在乡村中经济成本如果过高，则不适于长久发展。

3. 鼓励企业在乡村发展林业碳汇

支持企业整合高校、科研院所、产业园区等力量建立市场化运行的林业碳汇创新联合体，推进产学研深度融合，形成科技创新、上下游联动的一体化创新和全产业链协同技术发展模式。鼓励企业牵头或参与财政资金支持的林业碳汇技术研发项目、市场导向明确的林业碳汇技术创新项目。

4. 持续巩固提升森林碳汇能力

全面推行林长制，加大森林草原防灾体系建设，减少因森林草原火灾、病虫害和非法或不合理利用林草地资源等导致的碳排放。同时精准提升森林质量，科学推进森林经营和退化林修复，持续增加森林面积和蓄积量，持续加强增碳、固碳能力。

（二）发展草业碳汇产业

1. 制定草业碳汇知识手册

林草部门应加强林草碳汇知识宣传，组织开展对各地的培训工作，对草原面积、草原质量、草原资源保护、草业生态木竹产品、草业碳汇等进行宣传，使各个地区认识到草业碳汇的重要性。

2. 推动林草产业向优势区集聚

按照带状集聚、点状支撑布局思路，引导加工企业、交易市场等向产业核心区域聚集，培育产业集群，带动产业链上下游协同发展，提升产业综合竞争力。

3. 发展牧草业

结合草原保护修复工程，在气候、土壤条件适宜地区，建设高质量人工草地。在核桃等经济林下种植牧草，充分发挥土地生产潜力，提高牧草供给能力。

4. 发展草种业

加大以乡土优良草种为主的草种育、繁、推体系建设力度，推动商业化育种，逐步提高乡土草种的供给能力。发展特色草产品加工，鼓励和支持草产品加工产业发展。

5. 建立林草碳汇计量标准

探索建立林草碳汇计量标准体系、探索林草碳汇产品价值实现机制等具体措施，提升碳汇增量、提高碳汇能力、减少碳库损失、延长生物固碳周期、提高科技支撑能力、推进林草碳汇交易。

三、健全乡村绿色产业链

云南省应贯彻落实“绿水青山就是金山银山”的理念，打造乡村绿色产业链。全力为乡村生态振兴奋斗，既要寻求乡村经济长久发展之道，也要保持乡村生态美丽宜居之源。一条绿色、低碳、可持续发展的道路就此展开，以美丽乡村建设和农村经济发展协同共进为远景目标的长久战略拉开序幕。

（一）健全绿色农业产业链

农业绿色产业链是改变传统农业粗放式发展的突破口，涉及农户、供应商、参与主体等多方面，关乎乡村绿色生存、绿色发展、绿色质量提升等方面。农业绿色产业链是云南省乡村农业高质量发展的新出路。

1. 转变农业要素的投入方式

运用科学技术与绿色有机生产相结合的方式，自主提高农业的良种育种能力、延长乡村农业产业链、提升农业价值链，提高乡村绿色农业的竞争力。充分发挥绿色农业对农业供给侧改革的牵引作用，发挥绿色产品消费升级对农村经济发展的推动作用，在产业链可控范围内，响应市场需求，调整市场供给需求，带动农业绿色发展。

2. 优化乡村资源配置

优化资源配置是推动乡村经济高质量发展的重要举措之一。云南省乡村大部分农户的农业处于产销城乡分离状态。生产者依附于土地，消费者置身于城市，农业供给者承担着各种风险，很难成为核心利益的共享者。应优化我国绿色农业供应链机制和利益分配机制，完善农业产业上下游补偿机制，将生产、包装、流通、分配、销售、消费等各个环节，以及各个阶段的参与主体纳入农业政策中，保障农业的产权清晰、资源分配、利益共享、风险共担。创建一个付出与获得成正比，机会与发展共前进，农业供给市场的需求和供给良性互动的绿色农业产业链。

3. 夯实农村农业基础设施

农业基础设施是乡村农业绿色发展的关键，是提升农业质量供给、促进农业良性循环的保障支撑。云南省乡村的农业基础设施建设尚处于起步阶段，基础设施落后，不兼顾农村发展实际。应建立交通、电力、水利、农村能源、农业产业、农村市场等基础设施，促进农业设施升级，打造成有中心、成规模的农业工程。对乡村的基础设施进行科学规划，针对相关问题精准施策，要进入新基建、智慧农业的快车道，差异化分村管理。同时抓住新技术，在绿色农业产业链的基础上，充分利用绿色新科技、数据检测、物联网等技术，保障农业的绿色投入，稳定农业绿色产业链。

（二）发展绿色旅游产业链

绿水青山是发展旅游的宝贵资源。云南省是旅游大省，新冠肺炎疫情给旅游业带来了巨大损失。摆脱疫情带来的深层次危机，构建更具韧性的旅游业态是当前云南省经济复苏的重要任务之一。

1. 发展文旅融合的旅游业

云南省不仅有美在天然、贵在原始的自然生态，也有珍贵的人文生态。有四季如春的春城——昆明，有历史文化古城——大理，有文化体验目的地——腾冲，有一流特色小镇——

红河。以乡村生态旅游建设为重点，旅游区以保护生态为前提，依托良好的自然环境和与之共生的人文生态，推动文旅深度融合，让自然、文化之美交相辉映。乡村旅游业要包含生态保育区、合理利用区、管理服务区、宣传教育区、恢复重建区等功能分区，打造独具魅力的自然生态乡村景观和云南省乡村生态休闲度假游品牌。通过优化资源配置，整体改善生态环境、大幅提升景观面貌，形成一个水绿相间、生态休闲、亲水乐水、风景亮丽的生态廊道，实现“河畅、水清、岸绿、景美”的乡村。

2. 发展森林康养旅游业

森林康养是林业与健康养生融合发展的新业态。是以丰富多彩的森林景观、沁人心脾的森林环境、健康安全的森林食品、内涵浓郁的生态文化为主要资源的依托，配备相应的休闲及医疗、康体服务设施，开展以修身养性、调适机能、延缓衰老为目的的森林游憩、度假、疗养、养老等活动。在 2020 年公布的《2020 年全国森林康养基地试点单位》遴选结果公示公告中，云南省内 32 地成全国森林康养基地试点，这是一个发展契机。应积极培育、壮大乡村森林康养市场，结合当地森林资源优势，推进体制机制创新，把森林康养纳入森林乡村建设和地方经济社会发展规划及相关专项规划，解决相关配套基础设施，引导金融资本、社会资本进入森林康养产业。坚持生态优先、绿色发展，把森林康养办成既惠民又兴场的新产业，让绿水青山底色更浓、金山银山成色更足，在新征程上再次建功立业。

3. “互联网 + 绿色旅游”助力乡村新征程

“互联网 + 绿色旅游”以穿透性的数据与技术作为核心驱动方式，通过数据提供个性化服务，链接不同场景进行科技贯穿，通过新型消费需求改变旅游供给要素和旅游方式。大众旅游阶段，人们对旅游的消费需求日益场景化、体验化，互联网不仅是信息的提供平台，更成为链接旅游者活动和行为的空间。“互联网 + 餐饮”“互联网 + 民宿”“互联网 + 演艺”“互联网 + 博物馆”等新兴业态可以帮助云南省的乡村旅游业更便捷、更容易管理。这不仅有助于促进旅游供给体系变革以适应大众化旅游需求，更有助于创新产品、服务和商业模式，带动新的消费，使二者实现更高水平的动态平衡。

（三）大力发展环保产业链

随着经济发展、城镇化进程加快，乡村环境污染问题越严重，环保产业越应得到重视。环保产业涉及的领域多，主要包括大气治理、污水治理、固体废物治理及土壤修复等种类。

1. 推动环保产业绿色化改造

推动传统行业节能改造，以煤炭、电力、化工、钢铁、有色、建材等传统行业为重点，加快技术升级和节能改造，提高资源节约集约利用效率。推进重点行业清洁低碳改造，加强中低品位余热余能利用、煤炭高效清洁利用等技术在钢铁、有色、化工等行业的推广。强化先进环保治理装备应用，推动形成稳定、高效的治理能力。深入推进钢铁、水泥、焦化等行业超低排放改造，开展多污染物协同治理应用示范，加强大气污染防治[①]。切实强化造纸、煤化工、有色金属等行业废水治理，提高水污染防治水平。

2. 强化绿色环保行业科技创新

推进绿色环保产业发展，结合乡村区位特点、资源禀赋、产业基础、环境容量等，以环保技术为引领，聚焦环保产业，发展环保技术，培育打造绿色环保技术产业。推动环保工业园区的创建，将绿色化贯穿于开发区规划、空间布局、产业准入、基础设施建设、资源能源利用等环节，推进环保基础设施建设，提高绿色化水平。加强基础研究和技术攻关，加快绿色环保产业核心关键技术攻关，积极攻克农业、工业固废资源综合利用的关键共性技术。推动科技成果转化应用，支持建立绿色环保技术创新项目孵化器、创新创业基地[②]。发挥大企业支撑引领作用，推动绿色低碳技术工程化、产业化实现突破。发挥节能技术创新引领作用，推进先进适用节能技术和系统性解决方案成果转化应用。

3. 推进环保设施建设

农村环境污染有其自身的特点。相对于集中排放且总量大的工业污染源而言，农村生活污水、无组织倾倒的垃圾、不合理使用的农药、化肥农业品等，由于污染物处理量小、分布相对分散，容易被忽略，但是产生的面源污染和无组织排放给治理和监管增加了难度。在一些农村地区，环保设施建设滞后，已建成设施的运行维护资金短缺，处理能力不足。应补齐农村生态环境治理短板，缩小云南省与全国地区的差距，加大资金投入，支持农村环境基础设施建设。

第五节　加快乡村环境污染综合治理

党的二十大提出加快推动绿色发展，促进人与自然和谐共生，要深入推进环境污染防治，坚持精准治污、科学治污、依法治污，持续深入打好蓝天、碧水、净土保卫战……[③]。农村环境综合治理，是建设美丽乡村的重要手段。乡村环境污染综合治理关乎农民切身利益、乡村和谐稳定及农业的可持续发展。加强乡村环境污染综合治理，不仅是生态文明建设的必然要求，更是乡村生态振兴战略的重要任务，亦是城乡发展的必要举措。农村环境综合治理包含：

---

① 郭栩东：《绿色旅游供应链管理视角下的绿道旅游开发模式研究》，《资源开发与市场》2012年第28卷，第8期，764-768页。

② 盖艳秋：《绿色旅游供应链服务模型的分析和构建》，《物流技术》2013年第32卷，第11期，194-196页。

③ 习近平在中国共产党第二十次全国代表大会上的报告：《高举中国特色社会主义伟大旗帜 为全面建设社会主义现代化国家而团结奋斗》。

推进农村生活垃圾治理、推进农村生活污水治理、农村空气污染防治、提升村容村貌。

一、农村垃圾综合治理

农村垃圾综合治理是积极践行“两山”理念，推动乡村生态振兴的有效手段。应把农村生活垃圾治理当作重点工作来抓，坚持以建设清洁乡村、生态乡村、美丽宜居乡村为目标，不断改善和提升农村人居环境水平，努力打造环境整洁、绿色生态、产业发展、设施配套的美丽宜居乡村，为建设云南省乡村生态经济提供人居环境保障。

（一）改革现有农村垃圾管理体制

农村生活垃圾治理是改善农村人居环境的重要内容，要深刻认识推进农村生活垃圾治理的重要性、紧迫性，积极探索推进农村生活垃圾治理方法，不断提升农村生活垃圾治理水平。

1. 建立综合机构统筹管理农村垃圾事务

云南省农村垃圾处理处于缺位管理现状，预防性管理岗位缺乏，呈现多头管理格局，没有实现分级管理，缺乏协调机制。事实上，农村垃圾管理是一项系统工程，具有很强的专业性、社会性和广泛性。应将垃圾分级管理职能集中于一个主管部门，综合协调垃圾管理中的相关事务，由城市向乡村延伸，形成城乡统筹、自上而下、纵横到位的农村垃圾管理体系[①]。同时，还应加快改革现有社会管理体系，建立责任明确、渠道畅通、保障有力的垃圾回收利用体系，明确各方主体的责任和居民配合垃圾治理的义务。

2. 加强清扫和保洁工作

严格执行集镇和村庄保洁制度，加强垃圾收运处置的日常管理，确保应收尽收，及时转运处置，防止出现随意倾倒、随意堆放、随意填埋等现象，禁止露天焚烧垃圾。全力以赴做好农村人居环境整治工作，坚决完成非正规垃圾堆放点整治[②]。各级各部门要进一步加大工作力度，抓紧完成整治，加强整治后的管理，切实啃下“硬骨头”，尤其对整治不达标、产生新的污染或安全隐患的，要坚决整改到位。为了督促“清扫和保洁工作”的正常运行，可以将“清扫和保洁工作”建设纳入村级激励考评工作和综合治理工作考核评价体系。

3. 加强农村生活垃圾收运处置体系建设

收集设施、处置设施建设要同步推进。行政村收转运体系覆盖率未达到相应要求比例的，要下大力气补齐短板，确认考核工作。各乡镇、街道成立相应的建设推进工作领导小组，对“农村综合体”建设进行统筹协调、规范管理、教育培训、检查考核等工作。以“村级综治中心”为主阵地，在对村级原有的平安志愿者组织、群防群治组织、矛盾纠纷化解组织等社区“自组织”进行结构整合和功能融合的基础上，实现基层社会治理整体推进的一种新时代基层社

---

① 沈晓敏：《文旅交融视野下乡村环境的保护与开发》，《环境工程》2021 年第 39 卷，第 12 期，260-261 页。

② 潘加军：《非正式制度视域下的乡村环境治理路径创新》，《求索》2021 年第 5 期，170-181 页。

会治理模式。

（二）创新农村垃圾治理理念

建立完善的公众参与农村垃圾治理的机制，保障村民广泛参与，从过去单一的环境安全目标转变为环境、资源和经济效益多赢的目标。

1. 利用覆盖面广的农村公共文化服务资源

积极宣传农村垃圾治理的紧迫性，对村民进行垃圾分类意识培养和农村垃圾分类知识普及。发挥农村基层政府和居委会、村委会在垃圾治理中的自主作用，提高公众参与垃圾治理的积极性，支持各类志愿者组织的活动，通过公众参与政策制定、目标分解、规划公示、污染监督、权益维护等过程，实现农村垃圾治理的民主化。注重发挥基层组织的自治作用和农民的主体作用，引导农民参与垃圾治理，推行垃圾治理的“村民行动计划”，推动村民主动参与治理。

2. 创新农村垃圾治理方式

根据“源头减量、就地利用，无害处理、市场运作”的工作思路，制定简单实用、村民易学易懂的“三分法”垃圾分类方式，将农村生活垃圾分成三大类，分类制订垃圾处置方案，实现农村生活垃圾减量化、资源化处置。对于可就地转化为肥料的垃圾，推广阳光堆肥房建设，将农作物废弃物、餐厨垃圾进行堆肥发酵处理，转化为有机肥料。有些肥料非常适合农作物的生长，既能减少病虫害，又能增加产量，也实现了垃圾变废为宝。对于可回收再利用的垃圾，如废旧包装纸壳、饮料瓶等，可以建立“公司 + 农户”的模式，成立废品回收公司，由农户负责收集，公司上门定点收购，实现垃圾变废为钱，在给老百姓带来实惠的同时帮助引导群众实行垃圾分类。对于不可回收利用的垃圾，主要包括煤渣等无害化生活废弃物，按照“户分类、村收集、镇转运、县处理”的治理模式，可以统一收运进行填埋。

（三）实行农村垃圾分类投放

建立垃圾分类保障机制，垃圾分类是一个复杂的系统工程，从分类投放、分类收集到分类运输、分类处理，环环相扣，缺一不可。

1. 健全垃圾分类全过程管理系统

应补齐短板，通过垃圾管理对策前移来促进源头减量，规范中间分类收运以杜绝混装混运，完善终端处理设施以增强终端处理能力。降低垃圾的源头产生量、中间清运量和最终处理量，提升可回收物回收量、厨余垃圾利用量和有害垃圾处置量。根据总目标制定可量化的多级评价指标，并以此为导向，通过完善政策措施、提升技术能力、布局垃圾处理设施，逐步完善全品类、全流程的垃圾分类体系。

2. 开展垃圾分类知识进课堂

生活垃圾分类既要解决知识问题，更要解决思想问题。不仅需要大人知道，更需要让小孩也清楚；既要让学生知其然，更要知其所以然。生活垃圾分类事关可持续发展，教育引导学生通过垃圾分类树立生态文明建设理念，所以要在乡村的课堂和生活中都要体现。在课堂之上，由教师传递知识。在课堂之下，由村干部组织各种活动传递思想。在乡村形成一种垃圾分类的氛围，促进美丽乡村发展。

3. 推进垃圾分类工作，关键在于打通“全产业链条”，形成长效机制

垃圾分类是准公共物品，必须通过政府“有形之手”和市场“无形之手”同向发力，打通垃圾分类和资源回收之间的全产业链条。换言之，垃圾分类既是一种环保活动，也是一种经济活动；既要有环保目标，也要符合经济规律。政府需要引导企业，围绕垃圾管理的全流程，根据自身的比较优势，结合服务区域的特点，投入上游的分类投放、中游的分类收运、下游的分类处理等商业领域。目前，垃圾收运、厨余垃圾处理等领域存在巨大的应用市场和提升空间，企业创新与产业的培育、发展和升级还有待同步推进。改变生活方式是一个渐进过程，垃圾分类也必将是一场“持久战”，只有循序渐进、持之以恒，才能让村民的垃圾分类意识越来越明确，垃圾治理之路越走越通畅，开启更加美好的绿色生活。

二、农村污水综合治理

目前农村经济发展迅速，农民生活水平大为提高，但是农村环境建设与经济发展不同步，其中水环境污染问题尤为严重。未经处理的生活污水随意排放导致沟渠、池塘的水质发黑变臭，蚊虫滋生，影响农村人居环境及威胁居民的身体健康，同时还会造成饮用水水源污染及湖泊、水库的富营养化。

（一）要加强污水处理设施的运行和管理

维持污水处理设施的长期运行需要长期稳定的资金投入，以满足污水处理系统运行的日常维护和定期检查工作。财政部门应加大对农村环境综合整治的支持力度，进一步完善污水处理设施及提高配套管网建设，提高污水处理率。除此之外，还可以设立奖励制度，通过以奖代补的方式引导各地区加大对农村生活污水的治理力度。地方财政则负责解决污水处理设施的建设和日常运行维护所要的资金。另外，可以向村民征收少量污水治理费用，提高村民的环境责任意识，对污水的收集处理设施建设及维护提供支持。在污水处理系统运行管理和维护方面，可以借鉴更成熟的方式，即承包给第三方服务公司，由这些服务公司对设备的运行进行定期检查监测运行状况及出水水质。地方部门则可以提供培训以及对人员和服务公司进行资质认证和监管。同时，还应做好以下工作：

（1）污水处理装置尽量不要排泥，必须排泥时要对污泥进行安全处置，做好污水处理站脱水机房和污泥堆放地点的安全防护，适当增加消毒频率，提升剩余污泥的强化处理。

（2）在污水处理末端增加消杀设施，采用氯消毒时，要关注、掌握生化单元进水的余氯变化规律，可使用余氯分析仪检测余氯，代替检测粪大肠菌群数。

（3）强化污水的有效收集，避免污水溢出、渗漏，并加强沉淀单元的运行管理，尽可能降低出水悬浮物含量。

（4）建立风险防控预案，通过采取增加污泥浓度等稳定运行措施，防止污泥活性受影响。

（二）完善农村地区的污水收集体系

农村生活污水收集率低是大部分农村地区普遍存在的问题，解决农村地区生活污水收集问题是治理农村水环境的重要环节。随着农村地区经济条件的改善及国家对农村生活污水整治力度的加大，许多地区开始加快完善生活污水收集管网。在些许经济条件较好的新农村，已经具备较完整的收集和处理体系。现有的收集处理方式主要可分为三类：农户分散收集处理、村镇集中收集处理和统收集归入市政管网。污水分类收集也是农村生活污水处理的有效途径。

在国外对生活污水分离处理的应用模式已较为成熟，将“黑水”和“灰水”分别处理，一定程度上可降低处理难度，还能达到污水回收利用的目的。国内有条件的农村地区可以借鉴国外生活污水分类收集处理的模式。“黑水”经过收集池收集后可农用，“灰水”经收集处理后可循环回用或直接排放，以达到减少处理量、降低建设运行成本的目的。云南省乡村污水处理可借鉴这些模式：

（1）地方指挥部门应关注农村污水处理站的物资和用品供应，将农村污水处理厂纳入物资重点保障供应体系，解决污水处理站购买药剂及防护用品的实际困难，确保农村污水处理设施正常运行。

（2）地方政府应采取措施协助乡村污水处理站做好人员培训、资费标准设定、费用收取等方面的工作，确保乡村污水处理站运营顺利，实现效能最大化。

（3）地方生态环境部门要主动履行职责，通过定期检查、接受群众举报等途径，协助当地政府做好乡村污水处理站日常管理工作的监督检查，确保其运行规范、达标排放，让农村环保工程真正发挥作用。

（三）提高村民水环境保护意识

农村众多的中小微企业和家庭作坊排放出的生活污水给环境带来了很大的影响。究其原因主要在于村民的环境保护意识淡薄，缺乏保护生态的责任意识与担当意识。当前，在农村，农村生活污水没有引起应有的重视，各种生活污水长期处于任意自然排放状态。即使一部分村民已意识到环境保护、水源保护的重要性，但因从众效应或污水处理成本较高的影响，减弱了村民参与治理生活污水的积极性，使群体间相互模仿，最终又回到了原有污染的状态。农村各级各部门在美丽乡村建设中，应结合在农村经济发展中出现的各类污染事件，加强对农民的警示教育，使农民群众进一步加深对遵守环境法律法规重要性的认识，提高村民环保意识，在现实生活中更加珍惜环境、珍爱家园。同时，乡镇领导要深入村组召集村民大会，宣讲爱护环境的重要性，培养村民养成不乱倒、乱扔垃圾的良好习惯。在农村学校里大力普及环境知识和环保理念，教育孩子从小树立环境保护意识，以点带面，吸引父母邻里关注环保，在这种潜移默化的影响下，提高农村居民的生态环境意识。

三、农村空气污染防治

美丽宜居的乡村离不开大气环境，而治理乡村空气污染有着很大的难度，需要花费大量的人力、物力和财力，且存在着很大的风险，不能保证乡村空气能恢复到污染之前的环境。在云南省，许多地区并没有认识到空气保护的重要性，只关注到了眼前利益，制定产业政策时，只考虑眼前经济发展利益，忽视环境保护的长久利益，造成乡村生态环境被严重破坏。

（一）建立乡村农村空气污染防治保护政策和相关法律法规

许多乡村在进行规划时，没有采取保护环境的污染防治措施，导致出现了大量资源浪费、重复建设、乱排乱放等问题，给当地空气环境造成了不可估计的破坏。应因时因地、因地制宜地建立起乡村环境保护政策。加强空气可持续发展立法，完善有关法律制度。根据市场经济运行规律和规则，修订相应的环境法规，建立健全环境可持续发展的法律实施保障体系，修订和完善大气环境标准体系，严格依法行政，加强执法监督，切实保证可持续发展的各项法律制度得以实施。

（二）提高大气污染监管力度

云南省大气监管部门要加强执法力度。针对大气污染建立有效监控是大气污染问题解决对策中较为有效的一项措施，要对大气污染进行全面防治，生态环境部门需加强自身执法力度，提高执法合理性、严肃性及全面性，对监控力度及监控广度、深度进行全面优化与革新，针对存在大气污染行为的企业及个体进行严肃处理。此外，在加强监管力度的过程中，云南省政府也应根据大气污染现状进行综合分析，制定相应规章制度，健全大气污染法律法规，以此保障生态环境部门在执法的过程中可以有法可依。乡村政府部门可通过出台全新污染防治方法，引导企业与个体在生产、活动的过程中，根据有关方案对污染物进行规范性处理。相关部门还可以根据现阶段环境保护法律法规存在的问题进行分析，探析其内在因素对其进行全面优化，完善法律法规，以此实现对大气污染治理效果的全面加强，构建全局性的空气污染防治系统及控制系统。

（三）呼吁党员干部发挥率先模范作用，积极参与大气污染防治监督

乡村基层应积极向群众宣传政策，通过对农户发放大气污染防治倡议书和致广大村民的一封信等宣传资料、张贴横幅、入户走访、召开全体村民会议及村民理事会议、利用每月主题党日活动、运用微信平台等形式广泛开展宣传教育，使广大农民了解党和政府的政策、大气污染防治的重要性，从而有效增强农民群众的环保意识、健康意识和主观能动性，激发群众我参与、我受益的内生动力。

（四）鼓励农民积极使用新能源电动汽车

全国有许多厂商正在扩大生产和销售新能源电动汽车，这是国家为防治大气污染而采取

的一项重要措施。在云南省乡村，各级政府应采取各种办法，支持农民积极购买新能源电动汽车代替传统汽车，如减免购车税、补助购车款、降低车价等。有关部门应配合多安装充电桩，方便汽车充电。还可以规定新能源汽车优先停放、优先年检等，使购买新能源汽车车主有获得感。同时，逐步限定汽车制造商减少非新能源汽车的生产，减少非新能源汽车进口，以及提前报废非新能源汽车，特别是排污量大的柴油车。同时，推动开展新能源汽车换电模式应用试点工作，有序开展燃料电池汽车示范应用。深入开展新能源汽车下乡活动，鼓励汽车企业研发推广适合农村居民出行需要、质优价廉、先进适用的新能源汽车，推动健全农村运维服务体系。大力推动公共领域车辆电动化，提高城乡公交、出租、环卫、城市物流配送、邮政快递、民航机场及党政机关公务领域等新能源汽车应用占比，以此减少汽车带给大气的污染。

第六节　改善乡村宜居生态环境

生态宜居是乡村生态振兴战略的关键内容，也是乡村生态环境保护和可持续发展的内在要求，对乡村今后长久发展具有重要意义。在政策层面，云南省在 2016 年印发《云南省美丽宜居乡村建设行动计划（2016—2020 年）》，2019 年出台《云南省美丽乡村评定工作方案》，2022 年印发《云南省农村生活垃圾处理技术指南（试行）》，为云南省乡村生态宜居环境建设提供保障，也为其他省份乡村生态发展起到了引领示范作用。在实践层面，云南省在美丽宜居乡村方面取得了巨大成就。但在乡村生态建设方面出现了一些问题，基于分析乡村生态建设中的问题，提出下列关于加快美丽乡村建设的建议。

一、健全农村基础设施建设

农村基础设施建设是乡村和农业发展的有力支撑，加强农业基础性设施建设是保障农村生活长久发展的重要举措，加强城乡基础设施建设是保障乡村经济稳定发展的长效保障，加强农村基础设施管控是保障乡村长久治安的有效措施。

（一）加大农村基础设施建设投入

农村基础设施涉及农村的经济、文化、社会发展等方方面面。当前，农村基础设施供给量小，不平衡不充分发展矛盾突出，应继续关注乡村基础设施建设，加大投资力度。

1. 加强生态环境性基础设施投入

生态环境性基础设施主要是指农村的清洁能源和居民环境改造等。目前，云南省农村的燃料还是以煤炭、树木为主，取暖设施仍为锅炉煤炭，给农村空气造成了一定污染，乡村生态日益恶化。为此，应加强乡村对清洁能源、清洁技术的使用。加强乡村对生物质能节能工具的使用，学习并推广秸秆固化处理、太阳能、沼气等新技术，积极引导农村基础设施向节能减排靠近。同时，加大对农村新建、改造节能减排等设施的补助力度，引导乡村居民建设无污染取暖或者少污染取暖设施，减少环境污染。加大和健全乡村生态性基础设施的投入和财政支持力度，确保农村生态环境基础设施完备，机制健全[①]。

2. 鼓励民营企业投资农村基础设施建设

把民营企业作为全面搞好农村基础设施建设的重要载体，通过政策引导、财政扶持、税收减免等优惠政策，鼓励、引导和支持大型民企投资农村，充分调动民企投资农村的主动性和积极性。既要充分利用民企的资金，更要注重利用民企现代的管理理念，特别是在污水处理净化、垃圾处理利用、新能源开发利用等方面充分发挥民企的重要作用。支持和引导一批有实力的企业当好农村基础设施建设行业的排头兵。大力完善农村基础设施建设，搭建好城市与农村协同发展的通道，保护好农村特有的生态环境。进一步推进农村基础设施建设实行市场化运作、产业化经营，以实现国家引导、企业投资、群众受益的最终目标。

3. 加强农村生活性基础设施投入

目前，多数乡村的污水和垃圾都未经过处理便随意排放、堆放，影响了农村安全。

（1）应加大对建立和健全农村环境保持长效机制的财政支持力度，确保农村长效保持机制健全、环境设施完备、环境改善效果显著。

（2）在相关政策方面，应完善相关立法及管理机制，确保支持农村基础设施建设的相关政策落到实处[②]。农村基础设施建设投资规模大，但当前的农村基础设施项目运营情况并不乐观，资金使用极不规范，巨额资金缺口，损害群众利益的事件时有发生。应完善农村基础设施建设相关的立法，确保专项资金的使用安全，并建立有效管理机制。

（二）加快基础设施建设

城乡基础设施互联互通应贯穿于城乡融合发展建设每一个阶段。

1. 应建立城乡一体化发展机制

城乡一体化建设机制是基础设施统一发展的前提。以云南省中的县或市作为整体，统筹规划城乡的道路、供水、供电、信息、广播电视、防洪和垃圾污水处理等基础设施的建设，重点是推动城乡路网一体规划设计，畅通城乡交通运输连接，实现县、乡、村（户）道路连通、

① 张俊飚、王学婷：《乡村生态振兴实现路径的对策思考》，《中国地质大学学报（社会科学版）》2021 年第 21 卷，第 2 期，152-156 页。

② 池建华：《通过村规民约促进生态宜居建设：以南方主要少数民族村规民约为考察对象》，《贵州民族研究》2020 年第 41 卷，第 8 期，88-93 页。

城乡道路客运一体化。要统筹规划重要的市政公用设施，推动向城市郊区乡村和规模较大中心镇延伸。统筹规划城乡污染物收运处置体系，严防城市的污染“上山下乡”，因地制宜统筹处理城乡的垃圾污水。

2. 应重视乡村道路建设

城乡道路是连接城乡一体的桥梁，是乡村追赶城市发展的关键。目前，云南省正在积极建设城乡联通的公路、公交等，农村公路也在积极建设。但仍存在网路结构不合理、公路修建标准低、资金维护困难等问题。为此，需要继续乡村道路建设，尤其是要对乡村道路建设不放松，探索城乡道路建设和维护、投入机制，破解道路养护和维修资金等难题。关注城乡之间的物流网建设，这是打通城乡二元体系的渠道，是乡村发展的机遇。统筹城市物流和农村物流，促进城乡物流各要素在城乡的合理分配与优化。

3. 应重视乡村基本公共服务建设

从解决乡村居民最关心、最直接、最现实的利益问题入手，推进基本公共服务均等化。严格落实城乡新建小区配套建设幼儿园制度，合理布局和建设幼儿园，扩大普惠性幼儿园覆盖面。扩大职业教育规模，深化职业教育产教融合、校企合作，拓宽中等职业教育升学通道。健全城乡医疗卫生设施建设，提升医疗公共卫生服务水平，全方位、全周期保障居民健康。完善社会保险体系，健全可持续的城乡基本养老保险、基本医疗保险、失业保险、工伤保险和社会救助制度。

（三）健全农村基础设施管控机制

在体制机制和政策体系上，鼓励懂农业、懂农村、爱农民的市场主体参与农村基础设施供给，大力提升农村基础设施市场化、社会化服务水平。比如，鼓励市场主体围绕不同类别的农村基础设施，成立专业化的合作组织，更优地供给农村基础设施。大力发展第三方评估机构，对市场主体的供给质量进行独立的、专业化的评估，为政府的市场化购买提供科学依据，为市场主体改善农村基础设施供给质量提供改进方向。长期以来，在农村基础设施建设过程中存在重建设轻管理、管护机制不健全、资金使用过程缺乏有效监督等问题，农村基础设施长期运行和效益发挥缺乏足够保障。以乡村道路建设为例，部分前期建成的公路由于标准较低、抗灾能力较弱、安全设施不到位、养护投入严重不足，一些地方已出现“油返砂”现象，工程长期效益未得到很好的发挥。因此，应健全农村基础设施的管护运行机制，让制度贯穿于农村基础设施的建设、管理、维护和运营全过程，革除以往重建设、轻管理与运维的弊病。由于云南省乡村分散化的特点，所以基础设施建成以后的长期运营和养护成本相对比较高，这也是长期以来工作的一个难点。应运用市场化的手段来解决这个问题，合理确定城乡基础设施统一管护运行模式，对公益性的设施，比如城乡道路的管护和运营应纳入一般公共财政预算，并鼓励政府用购买服务的方式来引入专业化的企业，提高管护的市场化程度。可以对农村里面的基础设施建设运营企业进行市场化改革，使其专业化、市场化程度更高，要按照企业化的模式来运行，它才有可能在乡村承担起相应的基本公共服务运营管护的职责。

二、实施美丽乡村建设

为将云南省建设成为中国最美丽省份，2019年云南省人民政府办公厅印发《云南省美丽乡村评定工作方案》，这是为建设村庄山清水秀、田园清洁、水源保护达标、河湖水质达标、宜林宜草荒山荒坡全面绿化、生态保护措施完善、村落规划布局合理、民居建筑风貌协调、具有特色的乡村而制定的。

（一）建设乡村秀美环境

1. 修编村庄布点规划

省、州（市）相关部门指导，县级规划部门负责，充分考虑新型城镇化和现代化发展趋势，修编完善村庄布点规划，科学确定中心村和需要保留的乡村的特色、部落、文化；村庄规划要结合城镇规划，联系城市，为城乡一体作铺垫；要因地制宜、突出特色，预留乡村发展空间；要广泛收集村民意见，合理制定规划和乡村制度；要严格实行耕地保护制度，合理规划土地利用。重点建设中心村和特色村。以村庄布点规划为依据，按照“人口集中、要素集约、产业集聚、功能集成”的要求，以农村社区化为方向，培育打造中心村和特色村。选择区位条件好、经济基础强、带动作用明显的较大自然村，优先考虑乡（镇）政府驻地村、传统村落、历史文化名村、特色产业村、交通干道沿线村、重点景区周边村、特色景观旅游名村、城市规划区周边等有条件的村，改造提升一批中心村、特色村和传统村落。依托农村危房改造、库区移民、灾后重建、矿山环境治理和重点项目征地拆迁等项目实施，规划新建一批中心村和特色村。

2. 改善农村生态环境

积极紧跟国家步伐，实施国家新一轮退耕还林，加快陡坡地生态治理，推进村庄绿化、庭院美化建设，对村、路、渠、宅“四旁”和公共区进行绿化，改善村庄环境的生态质量和景观面貌；保护古建筑文物、特色民居、村内古树、大树、成片林地和文化遗产，形成道路河道乔木林、房前屋后果木林、公园绿地休憩林、村庄周围护村林的村庄绿化格局。加大生态村、生态乡（镇）创建力度。

3. 提升人居环境

实施以“改路、改房、改水、改圈、改厕、改灶，治理脏、乱、差”为主要内容的村容村貌整治工程，大力改善农村人居环境。开展村内户外道路硬化，铺装水泥、石板、沥青、弹石等硬化路面。推进农村危房改造及地震安居工程，提高农村人居安全水平和防灾减灾能力。广泛开发和利用沼气、节能灶、太阳能等农村新型能源，普遍推广节水、节材、节能技术，促进农业废弃物综合利用率大幅提升。

（二）建设富裕乡村

1. 大力发展高原特色农业

打响高原特色农业“丰富多样、生态环保、安全优质、四季飘香”四张名片。大力发展生态循环农业，立足保障供给、生态涵养、休闲旅游等功能定位，积极转变农业发展方式，深入推进现代农业园区、粮食生产功能区建设，发展农业规模化、标准化和产业化经营，推广种养结合等新型农作制度，支持规模化养殖场进行畜禽粪污综合利用，推进技术成果进村入户，主要农产品中有机、绿色及无公害产品种植面积占比大于 90%。大力发展乡村生态农业，促进农业清洁化生产。商品有机肥使用量提高到 50% 以上，高效低毒低残留农药推广使用面积达 90% 以上，规模化畜禽养殖排泄物综合利用率达 90% 以上，农作物秸秆综合利用率达 90% 以上。

2. 大力发展庄园经济

依托云南省特色、生态优势产业，按照“有主体、有基地、有加工、有品牌、有展示、有文化”的“六有”要求，坚持走精品化、有机化发展路子，突出地理标识，加强原产地保护。引导和鼓励各类经营主体发展各具特色、不同类型、不同规模、不同功能的现代农业庄园，规划建设或改造提升一批集休闲、观光、体验、展示为一体的精品农庄，积极打造在省内外、国内外叫得响的现代庄园品牌。

3. 大力发展乡村生态旅游业

利用农村森林景观、田园风光、山水资源、民族特色和乡村文化，加快形成以重点景区为龙头、骨干景点为支撑、“农家乐”休闲旅游为基础的乡村休闲旅游业发展格局。每个美丽乡村示范点发展 1 个以上带动能力强的农村专业合作组织，培养 1 名以上农村科技辅导员，做到家家有科技明白人和增收致富产业，着力打造精品，实现“一村一品”“一村一特”。

4. 大力发展农产品加工业

加快发展农产品产地初加工，推动农产品加工业向园区和城镇集聚，严格控制污染企业向农村转移。完善农产品加工产业体系，以食品、生物药、生物材料、生物燃料、生物资源等为重点，延长农业产业链，提高农业综合效益，力争农产品加工率达到 65% 以上。

（三）打造乡村魅力名片

1. 培育民族特色文化村

编制民族特色文化村落保护规划，制定保护政策。充分发掘和保护传统村落、传统民居、古树名木及古建筑、民俗文化等历史文化遗迹遗存，优化、美化村庄人居环境，把历史文化底蕴深厚的传统村落培育成传统文明和现代文明有机结合的特色文化村。挖掘传统农耕文化、山水文化、人居文化，把特色民族文化村打造成为弘扬农村生态文化的重要基地。加快对村落非物质文化遗产和村落文化的抢救挖掘，加大对传统艺术、技艺、民俗、人文典故、地域风情等非物质文化的发掘、传承和弘扬力度。

2. 培育和谐文明新风尚

充分发扬勤劳朴实的农村传统民风，逐步引入现代文明生活理念，积极营造美丽乡村文明和谐新风尚。开展群众性生态文明创建活动，加强生态文明知识的普及教育，倡导资源节约和环境保护，丰富农村文化生活。引导农民生态消费、理性消费。倡导厚养薄葬，引导绿色、人文、生态殡葬新风尚，积极推行生态节地葬法。合理调节农村利益关系，畅通诉求表达渠道，有序引导农民合理诉求，有效化解农村矛盾纠纷，扎实开展平安创建活动，加强农村社会治安综合治理，维护农村社会和谐稳定。

3. 加强农村文化阵地建设

坚持全面推进农村文化建设，大力实施边疆解“五难”文化活动、文化信息资源共享、农村电影放映、基层“两馆一站”免费开放等文化惠民工程。推进文化信息资源共享工程建设，建立覆盖乡镇的文化信息资源网络传输系统。积极推进农村综合文体广场、文化室和文化大院建设，让文化阵地逐步覆盖中心村和人口聚集的自然村。引导城市文化向农村辐射，深入开展“送图书、送电影、送戏曲”活动。推进农村广播电视全覆盖工程建设，全面实施“七彩云南全民健身工程”，丰富农民体育生活。

三、巩固特色乡村村貌

特色乡村村貌是要保持干净整洁的村貌，这既是乡村“面子”所在，也是民生所需。只有良好的生态环境，好山好水好空气，加上整洁有序的村貌，才能达到“乡村生态振兴”的要求——生态宜居。

（一）改善村庄公共环境

全面清理私搭乱建、乱堆乱放，整治残垣断壁，通过集约利用村庄内部闲置土地等方式扩大村庄公共空间。科学管控农村生产生活用火，加强农村电力线、通信线、广播电视线“三线”维护梳理工作，有条件的地方推动线路违规搭挂治理。健全村庄应急管理体系，合理布局应急避难场所和防汛、消防等救灾设施设备，畅通安全通道。整治农村户外广告，规范发布内容和设置行为。关注特殊人群需求，有条件的地方开展农村无障碍环境建设。整治村庄公共空间、庭院环境和各类架空管线，消除私搭乱建、乱堆乱放。加大传统村落民居和历史文化名镇名村保护力度，加强历史建筑物及古树名木保护并进行挂牌管理。根据规划风貌管控要求，重点对村庄原有房屋屋顶、外立面等整体外观和门、窗、梁柱外部节点等进行风貌整治，严格管控新建农房宅基地面积、高度和外观风貌[①]。推进乡村增绿添美行动，形成道路河道乔木林、房前屋后果木林、公园绿地休憩林，做到拆墙透绿、建路配绿、腾地造绿、借地布绿和见缝插绿，积极创建国家、省市县森林乡村和美丽庭院。推动卫生乡镇、卫生村庄创建工作。

（二）推进乡村绿化美化

1. 深入实施乡村绿化美化行动

突出保护乡村山体田园、河湖湿地、原生植被、古树名木等，因地制宜开展荒山、荒地、

① 卞素萍：《地域文化传承与美丽乡村建设》，《东吴学术》2020 年第 5 期，145-151 页。

荒滩绿化，加强农田（牧场）防护林建设和修复。引导鼓励村民通过栽植果蔬、花木等开展庭院绿化，通过农村“四旁”（水旁、路旁、村旁、宅旁）植树推进村庄绿化，充分利用荒地、废弃地、边角地等开展村庄小微公园和公共绿地建设[①]。支持条件适宜地区开展森林乡村建设，实施水系连通及水美乡村建设试点。推进村庄“七改三清”人居环境提升行动。

2. 建好、管好、护好、运营好“四好农村路”

推广建设“两站两员”机制，加强农村道路交通安全管理，加大农村公路两侧绿化、美化和垃圾治理力度，加快推进“直过民族”地区、沿边地区和深度贫困地区通村（组）道路建设，加快推进入户道路建设，形成“畅安舒美”的通行环境。实施农村饮水安全巩固提升工程，推进“以电代柴”“以气代柴”。加快农村电网改造升级，完善村庄公共照明、通信等设施。

（三）加强乡村风貌引导

大力推进村庄整治和庭院整治，编制村容村貌提升导则，优化村庄生产生活生态空间，促进村庄形态与自然环境、传统文化相得益彰。加强村庄风貌引导，突出乡土特色和地域特点，不搞千村一面，不搞大拆大建。弘扬优秀农耕文化，加强传统村落和历史文化名村名镇保护，积极推进传统村落挂牌保护，建立动态管理机制。村容村貌是一项惠民工程，如今，许多村庄告别了“脏、乱、差”，无论是入村道路还是村内的公共环境都得到了改善。为了促进云南省村庄形态与自然环境、传统文化相融合，建设美丽宜居乡村，云南省应继续深入农村实施乡村绿化美化行动，加强乡村风貌引导工作，改善农村的公共环境和村民房前屋后的环境，以此来提高村庄的整体面貌，让村民的生活变得更好。

（执笔人：余雨薇　杨怡　谭鑫）

① 张雪坤：《美丽乡村之农业景观规划设计研究——评〈美丽乡村：休闲农业规划设计〉》，《中国食用菌》2020年第39卷，第2期，26-27页。

第六讲　案例之讲

案例一　秉烈乡乡村生态振兴案例

在党的十九大报告中，习近平总书记首次提出“实施乡村振兴战略”，并描绘出一幅“产业兴旺、生态宜居、乡风文明、治理有效、生活富裕”的振兴图景，秉烈乡在绘生态振兴图景中注重生态修护与保护及人居环境整治，为秉烈乡乡村振兴增添了动力。

一、基本概况

（一）秉烈乡基本情况

秉烈彝族乡位于云南省文山州文山市境北部，乡人民政府所在地距文山城区 45 千米。东部和北部接壤砚山县维末乡，南与马塘镇毗邻，西邻红甸乡，北靠 323 国道。全乡土地面积 293.49 平方千米，平均海拔 1460 米，年平均气温 21℃，年降水量 880 毫米。辖 10 个村委会 53 个自然村 89 个村民小组，居住着汉族、壮族、苗族、彝族、傣族 5 个民族 5822 户 24521 人。

（二）秉烈乡生态基本情况

秉烈乡是典型的农业大乡，曾有“鱼米之乡”的美誉。现土地多为荒山荒坡，土质结构为黄色、红色沙土，具有典型的石漠化特征。植被主要以很少的低矮灌木为主。群众大量毁林开荒、广种薄收，这些对环境粗放式的开发和利用造成了生态环境的破坏和资源的浪费，全乡森林覆盖率不足 10%。水资源匮乏，水土流失较为严重，土质不保水。

二、秉烈乡推进生态振兴基本做法

（一）加强农村环境污染综合治理

1. 推进农村“厕所革命”

秉烈乡紧紧围绕“政府决策、建管结合”两步法做好文明秉烈建设。

（1）党委政府决策部署，助力“厕所革命”推得进。乡党委、政府高度重视，成立工作专班，明确职责分工、做好人员调配、提供资金技术为“厕所安家”做好前期准备。按工作任务实行片区包干，全面细化工作责任，将全乡拆分成 54 个片区，由乡党政班子成员按村督促，将改建、新建厕所任务明确到乡村干部、驻村工作队个人，并明确工作时间节点。

（2）建管结合，助力“厕所”用得好。厕所建成后，乡党委、政府定期安排人员入户检查，引导群众养成文明如厕的习惯，并要求群众定期或不定期打扫清理。结合实际，对粪便资源化利用，将粪便转化为有机肥。

2. 推进农村垃圾综合治理

（1）完善农村垃圾管理办法，统筹管理农村垃圾事务。起草制定《秉烈乡农村环境卫生整治 7 条措施》《秉烈彝族乡诚信管理办法》等文件，对全乡环境卫生、违规行为、惩罚措施进行明确规定，做到范围明确、权责清晰、处理严格。同时要求全乡 10 个村委会 53 个自然村，将环境卫生治理纳入村规民约。

（2）加强村民思想引导，营造垃圾治理氛围。积极宣传农村垃圾治理的必要性、重要性和紧迫性。组织人员对村民进行垃圾分类知识普及，发挥农村基层自治优势，提高村民参与垃圾治理的积极性，支持和引导村民参与垃圾治理。

（3）夯实基础设施建设，筑牢垃圾治理底座。秉烈乡根据农村垃圾源的特点及地理地势，对垃圾桶配置、清运车运行、垃圾处理设施建设等都做出相应的规定，全乡 10 个村委会 53 个自然村都配备了专门的垃圾桶和垃圾焚烧池，引导并鼓励村民自筹资金 10.9 万元参与农村垃圾处理设施建设和运营。

3. 推进农村生活污水治理

（1）因地制宜，分类施策。按照“土壤—植物—微生物”复合系统对污水进行三级处理，将淤泥挖掘后放置在对污染物吸收能力强、根系发达的植物旁，通过植物初步分解，再通过微生物进行二次分解。

（2）建立长效机制。构建“政府主导、市场主力、群众主体”机制，合理布局、划分排污区域，实现农户自我管理，建立考核评价机制，严厉处罚乱排污水行为。

（3）“集中与分散相结合，分散治理为主”的方式。推行三格化粪池、微动力、人工湿地等多种组合模式，主要用于处理秉烈乡农户的生活污水。污水进入处理站后，先进入调节池沉淀，再进入厌氧池发酵，最后流入粪液储存池。

（二）加强推进农业循环化发展

1. 加快推进农业标准化生产

（1）加快推进产业标准化生产。以“党建＋合作社＋农户”模式发展优质产业，大力推动“一壶油、一个果、两颗椒、一粒米”发展，激发党建输血和造血功能，带动农民想富变能富。同时党建参与监督管理，助推产业发展体系化。

（2）加快种植标准化建设。因地制宜发展好多品种种植，通过建立新型农业，带动资源、要素、技术、市场需求等在农村整合集成和优化重组，盘活集体资产，促进经济提升。引进专业人才入村进行技术指导。积极与上级对接，做好肥料、种子、农膜的供应与指导，改进栽培技术、合理调节环境因素、调整播期、优化水肥管理等农业防治措施。例如，兵坤合作社通过“集中服务，统购统销”的经营模式组织生产，实现产、供、销一体化服务。在文山市内建立了12个销售点，并与文山市许多大米经销商签订订购合同。对贫困社员实现“三统一”，即统一供应肥料、种子，统一进行免费的统防统治，统一收购。通过“三统一”合作，贫困种植户每亩可节约成本110元，增收140元。

2. 积极推进农业清洁生产

（1）保护农田面源安全。全面摸排耕地面积，做到底数清；区分耕地品质，做到任务明。合理规划推动农户使用有机肥，减少无机肥使用。禁止向农田倾倒垃圾和生活污水，保护农田质量。

（2）保护作物种植安全。对虫害进行统防统治、减少农药使用、废弃农膜回收再利用，推广新型无污染技术。例如，在花苗期加强管理，保证作物不缺水、不受旱，促进作物对养分的吸收运转畅通，做好草地贪夜蛾、黏虫防治工作。截至目前，秉烈乡已进行病虫害防治56000亩。

3. 推进农副资源综合开发综合利用

（1）大力发展延伸产业。推动“一壶油、一粒米、一个果、两颗椒”延伸出更多高附加值产业，依托基地延伸出集加工、运输、销售一体的生产体系。

（2）探索资源循环利用。推广废弃的资源再回收再利用，做成二次产品，再投入农业生产中。

（三）加强乡村生态保护与修复

1. 加大乡村生态系统保护力度

坚持生态修复，保护优先。

（1）坚持生态环境治理统筹安排，突出重点，分阶段实施的原则。全面落实市委、市政府生态治理的任务和目标，突出近期治理重点。

（2）坚持因地制宜、分类指导、切实可行的原则。从秉烈乡生态环境现状出发，结合社会经济和各项事业的发展目标，分别对荒山、荒地、河道、低效林等进行生态环境治理。

（3）开展试点示范，发挥典型示范作用。每个村可根据实际情况做一块至二块有规模、有特色的示范点，地块相对集中连片，原则上要有龙头企业、合作社及种植大户参与，发挥典型示范作用，带动全乡生态系统建设。

2. 持续推进乡村生态修复治理

（1）利用12.1万亩林地面积，全面实施生态修复，引导发展经济林果、山地畜牧、特色苗木等绿色产业，用产业手段加大生态恢复。面对部分群众手中土地不愿种、不愿转的荒地情况，以生态修复为契机，注入多元活力，实现“一年建基地、两年带动少数种植、三年带动全部种植”的目标，切实让荒地“活起来”、群众“动起来”、经济“提起来”。

（2）用油橄榄、桐子果、花椒、板栗等经济林木恢复秉烈生态，实现生态修复和群众增收的可持续发展，提前谋划、科学规划、合理布局秉烈生态恢复和经济社会发展，推进高原特色农业产业结构优化、产业转型升级和创新发展，促进产业提质增效和绿色发展，打造经济发展新的增长极。

3. 加强耕地资源保护和质量提升

（1）保护耕地总量。全面统计全乡耕地面积，了解总量、破坏量。按照区位优势划分种植功能区，重点关注水土流失严重的耕地，建造防护林保水固土，同时加强各村之间的联系，有条件的村探索耕地合并开发利用。

（2）提高耕地质量。推动旱改水田项目。围绕“节约用地、提高土地利用率”的目标，切实做好水改农田工作。加大土地整治力度，大力推进高标准基本农田、中低产田改造等项目，提高土地利用率及产出效益，提高耕地质量。

（四）加强村容村貌改善

1. 夯实农村基础设施建设

（1）加大道路设施建设。积极做好上级政策的对接工作，配合交通行业主管部门做好全乡公路提质改造。县（市）—乡公路、乡（镇）—乡（镇）公路确保硬度、宽度、质量达到国家标准。乡镇—行政村道路、自然村—自然村道路实现水泥铺设，建立一条村村通、户户通的公路网道；加强集镇道路的合理布局，完善配套基础设施，设置明显的指示标志，规范铺设停车位、摊位及排水管道。

（2）完善水利设施建设。筹集资金修建饮水渠、小水窖，协调好防洪、灌溉、生态等各方面的利益，积极争取上级资金支持，对存在安全隐患的水库及坝塘及时进行清淤或修缮，提升水库及坝塘的蓄水保水量，提高用水效率，降低农业生产成本。

2. 实施“美丽村居”建设

（1）紧扣农村人居环境优化提升，实施“美丽宜居村”建设。根据“生态美居，安全小康”的形象定位，探索“村居合一”的区域特色长效管理机制，凝聚起共建共治共享的社会治理强大合力，全面推动农村人居环境从“一时美”向“时时美”转变。以生态环境、产业发展、治理有效三大要素，实现各项功能载体的有机融合。

（2）引导发扬民主。让老百姓参与议事、参与决策，激发乡村治理新活力，进一步丰富“美丽村居”的内涵。结合区域内整体状况及每家每户周围实际，设立乡村党员户先锋整改示范点、居民群宅间示范样点。

（3）做好项目的统筹。组织专人负责项目内容的核查申报，拟定项目实施方案报乡领导审查批注，完善并修改并报上级部门，根据上级部门意见继续完善修改，做好项目安排，明确项目建设时间节点，明确保障措施，责任到人。

3. 挖掘特色乡村风貌

（1）坚持产业发展与美丽乡村建设统筹发力。扎实推进乡村风貌提升，制定落实村庄风貌提升指引和农房设计图集，制定农房管控风貌提升有关工作指引。

（2）全面完善提升乡村基础设施。着力推动各类基础设施进村（自然村）入户（农户）到田（农田）。加强乡村公共服务、社会治理等数字化智能化建设。强化农村及偏远地区信息通信基础设施建设，加大农村电网建设力度，巩固提升农村电力保障水平。

（3）挖掘民族特色，打造彝族风貌村居。立足民族节日、特色服饰、饮食文化，打造具有彝族文化的村落。

三、秉烈乡生态振兴经验和启示

（一）秉烈乡治理环境污染

1. “政府决策、建管结合”提升卫生厕所普及率

（1）党委统筹、政府主导。发挥基层党组织战斗堡垒作用，成立乡村振兴工作领导小组，全面负责乡村振兴工作，党政主要领导担任组长，班子成员担任副组长，各科室负责人为成员的工作专班，党委谋划部署，政府抓落实，确保乡村振兴工作既有决策者又有落实者。

（2）建管并重、以管促建。①要明确责任主体，明确管理各主体责任，层层落实管护责任，实现管护责任全覆盖、无死角，并把常态化作为生态管理的基本要求。②要理顺管理体制，设立具体的管护标准、考核奖惩到位，实现生态工程运行管护体系工程效益长久。

2. 多措并举抓好垃圾处理，从农民思想上治根，从基础设施上固根

（1）要实现乡村生态振兴就要从根本上解决农民思想从“求生存”到“求生态”的转变，要让农民理解为什么要先生态后发展，不仅要让农民长期“听见”，还要让农民“看见”生态振兴带来的福音。

（2）从基础设施上说，基础设施是农村发展过程中的必需品，我们要以实施乡村建设行动为契机，把农村人居环境整治提升与农村基础设施网建设行动、美丽乡村建设紧密结合起来，实现水泥路进地里、电力覆盖各村民家里、文娱建设到各村里，加快建设宜居宜业美丽乡村，不断为打造乡村振兴云南省样板增添亮丽底色。

3. 以因地制宜为原则，构建多元机制，探索农村污水处理新模式

秉烈乡采用集中与分散相结合的污水处理方式，达到了事半功倍的效果，因为集中处理方式对于分布较集中的村庄来说是可行的，但由于云南省大部分农村分布较散，采用分散式处理方式对那些离主干管网较远及污水难以收集的地区来说，相较集中处理投资较小、建设周期短、可操作性高。

（二）秉烈乡生态保护与修复污染

1. 采用“统一、灵活、协调、选优”的方式，加快推进标准化生产

秉烈乡根据自身乡情，结合当地特色优势资源，寻求标准化发展模式。加快制修订农兽药残留标准，制定推广一批简明易懂的生产技术操作规程，实现耕地保护、粮食增收和农业绿色发展。打造农业产业链，实现产供销一体化发展，构建现代乡村产业体系，以家庭农场和农民合作社为主体，持续推进现代农业经营体系建设。其中，秉烈乡在推进标准化生产采用的“三统一”合作方式值得借鉴，通过统一供应、统一防治、统一收购，为农民的产、供、销提供了保障措施，达到了农民致富、生态优化的最佳效益。

2. 强化生态保护与修复

秉烈乡从保护上看要坚守原则、开展示范；从修复上看要结合生态手段发展产业。从保护生态的角度，秉烈乡采取开展试点示范作为美丽云南的现实样板，为云南省生态保护与修复做好先行示范的同时还可以为其他地区提供经验参照。从修复生态的角度，秉烈乡采用发展绿色产业，比如大力发展经济林，经济林既能创造生态效益，又能种植经济林，还可以提高森林覆盖率，达到绿化土地、美化环境、维护生态平衡的效果。

3. 落实保护耕地，提量的同时也要提质

我国耕地数量和质量的不断下降这一现实，已经成为制约我国农业发展和农业生产力水平提升的重要阻碍。因此，要大力推进耕地提质升级，以补改结合的方式落实耕地占补平衡，对现有未达标的耕地进行整改，采用旱改水田将原来的旱地变为水田种植水稻，做到藏粮于田。

（三）秉烈乡构建乡村聚落体系

1. 乡村型聚落的特征

由于乡村型聚落具有人口总数少和农业人口数量多，人口密度小，居民职业构成、社会构成简单等特征。因此，秉烈乡采用利用产业划分区域，方便对产业进行管理，清晰各地区的产业发展定位。并且结合建立等级规模制定划分要求，拟定分类的依据、指标和方法，划分出各种类型的聚落。

2. 农业生物规模化种植区和生态保护区

秉烈乡打造乡村聚落景观中提到农业生物规模化种植区和生态保护区两个方面：

（1）打造的农业生物规模化种植区要求具备多种功能，规模化种植为开发新的栽培模式提供条件，提升农业生物产量和品质的同时打造有“乡识”的聚落景观。

（2）通过建立生态保护区，不仅提升了自然保护区、乡村人文环境，还成就了特色优势产业的发展。

3. 优化农村“三生”空间

秉烈乡优化农村“三生”空间是综合考虑 生产、生活、生态，这是实现生产空间集约高效、生活空间宜居适度、生态空间山清水秀的重要因素。

（四）秉烈乡改善村容村貌

1. 从完善基础设施建设上出发

秉烈乡综合考虑完善道路、水利相关的基础设施，采用以政府投入资金、下级落实的形式来推动当地基础设施建设的改造升级。不仅发挥了公共财政“四两拨千斤”的作用，而且将财政资金落到实处，从真正意义上实现农村基础设施建设提质升级。

2. 建设“美丽乡村”

采用党建引领、村民配合的形式，秉烈乡在以“生态宜居、安全小康”突出抓好乡村生态的基础上，加快农村发展步伐。

3. 注重保持当地特色风貌

为彰显当地民族建筑风格之美，尽量保留村庄的原始风貌，还原乡土气息，加强对民族传统村落的保护和利用，秉烈乡围绕当地独特的人文风韵和文化特色，加强基础设施建设、加大人居环境整治、加快乡村旅游开发，促进乡村振兴阔步前行。

（资料提供：文山市秉烈乡党委）

案例二 昭阳区乐居镇乡村生态振兴案例

党的十九大报告中首次提出实施乡村振兴的战略后，昭阳区乐居镇紧密结合当地实际，积极探索，采取有效措施，扎实推动乡村振兴，从人居、产业、生态三个方面将生态文明贯穿于乡村振兴的总目标中。

一、背景情况

（一）乐居镇基本情况

乐居镇位于昭阳区城西 18 千米，面积 84.57 平方千米，镇政府驻上街行政村。辖上街、乐居、中河、仁和、新河 5 个行政村，11317 户 34868 人。乐居镇大部分处于洒渔河谷平坝，境内农业水利设施完善、交通便利、地势平坦、资源丰富，素有“鱼米之乡”的美誉。

乐居镇区位优势明显、自然资源丰富，共有耕地 4.68 万亩（其中，水田面积 0.7 万亩、旱地面积 3.98 万亩）。苹果产业作为其支柱产业，2019 年全镇苹果种植达 3.66 万亩（其中，投产果园 2.15 万亩），新植 3100 亩，补助资金 450 万元；低产果园改造 10000 亩，投入资金 200 万元；举办果农管理培训班 8 期、受训达 2100 余人次，有效提升了该镇苹果品质，促进了果农增收。全镇苹果总产量达 4300 余万千克，产值达 2.15 亿元。

全镇共有农民专业合作社 38 个，有天锦果业有限公司、昭通万亩禾山农业科技有限公司等十余家企业落户乐居，形成龙头企业带动、“党组织 + 合作社 + 农户”的发展模式，开展香葱、万寿菊和食用玫瑰种植及衍生产品加工，乐居豆干制作销售等产业，形成门类丰富、品种齐全的各类型农副产品。

（二）乐居镇生态基本情况

乐居镇认真贯彻“绿水青山就是金山银山”的发展理念，按照乡村振兴战略的总体要求，在原有村庄形态上改善村民水电路等生产生活条件，打造秀美村庄。加强“两违”巡查力度，规范农村建房秩序，严格落实“一户一宅”要求，全面开展危房拆除工作。加大持续开展爱国卫生运动，以户为作战单元，全面开展农村环境卫生综合整治，实现“五净”“四无”“三有”“两规范”“一眼净”治理目标。继续加强渔洞库区水源保护，将水源保护作为中心工作来抓，加大水源面源污染打击力度，发现一起，处理一起。全面巩固退耕还林成果，实施禁养限养制度。落实河长制，实现河长治，严格巡河制度，加大河道治理力度，抓好河道卫生环境治理、水污染防治、河岸线管理等重点工作，有效改善河流水域生态环境，真正实现“河畅、水清、岸绿、景美”的目标。

二、乐居镇推进生态振兴基本做法

（一）加强农村环境污染综合治理

1. 推进农村“厕所革命”

2019 年和 2020 年乐居镇户厕改造任务数为 3274 户，现已完成整改 2820 户，合格率 86.13%，不达标户厕将继续督促各村进行整改。2021 年户厕任务数为 630 户，其中，新河村为渔洞水库径流区，要求全村覆盖，任务数为 260 户，完成后，新河村将达到全村无害化卫生厕所全覆盖；其余 370 户任务数用于 2021 年美丽村庄建设 5 个示范点内户厕改造。2021 年户厕已启动建设 126 户，剩余部分也将陆续启动建设，确保 2021 年 11 月 30 日前完成任务。

2019 年和 2020 年，乐居镇共建设完成行政村公厕 5 座，集镇公厕 2 座，机关大院内公厕改造 1 座。2021 年，乐居镇自然村公厕任务数为 5 座，现已全部启动建设，也将确保按时间节点完成工作任务并通过验收。

2. 推进农村垃圾综合治理

乐居镇建立垃圾转运机制，落实“门前三包”制度和卫生达标责任制；推行环境卫生网格化管理。实施农危房拆除绿化、美化、净化、硬化等基础设施建设，全面改善群众生产生活条件；补齐公共服务短板，提升服务质量，让广大农民在乡村振兴中更有获得感和幸福感。

3. 推进农村生活污水治理

乐居镇持续加强资金整合和项目引进，努力加强农村污水管网、污水处理厂等基础设施建设，现有一座高标准污水处理厂投入使用，该厂房设施先进、自动化程度高，为乐居镇排污治污起到了关键作用。

（二）加强推进农业循环化发展

1. 加快推进农业标准化生产

乐居镇 2021 年粮食作物总播种面积为 3.34 万亩，产量为 1.8612 万吨。其中，水稻 0.7 万亩，产量为 0.423 万吨；旱地种粮面积为 2.64 万亩，包括玉米 1.13 万亩，产量为 1.012 万吨；马铃薯 1.22 万亩，产量折合主粮后为 0.3432 万吨；豆类 0.29 万亩，产量为 0.083 万吨。2021 年乐居镇粮食实现了稳定生产，保证了粮食安全。

苹果产业是乐居镇的主要经济支柱产业之一，全镇苹果面积达 36060 亩，已经投产的果园 23000 余亩，未投产和新植的 13000 余亩，随着“一县一业”项目的推进，2021 年乐居镇实施 50 亩及以上规模种植 130 亩新植，实施老果园提升改造 7000 亩，其中核心区 2000 亩，示范区 5000 亩。

2. 积极推进农业清洁生产

乐居镇农业生产专注农作物肥料、农药面源污染控制和畜禽养殖粪便综合利用等整治工程建设。在农药面源污染控制方面，通过加强物理防治措施的推广，从根本上减少农药使用，针对桔小实蝇等病虫害的防治几乎杜绝了化学农药的使用，提升了农业清洁生产水平。

（三）加强乡村生态保护与修复

1. 加大乡村生态系统保护力度

乐居镇持续开展乡村生态系统保护修复力度，针对不同村、组，采取“一村一策”。例如，乐居镇新河村作为渔洞水源地径流区，切实加强辖区内生产、生活管控，一方面，慎重开展产业发展审批管理，在保持绿水青山的同时，慎重发展产业；另一方面，严格建房审批流程和手续，确保在径流区范围内不得新建房屋。

2. 持续推进乡村生态修复治理

渔洞水库作为昭阳区和鲁甸县的母亲水库滋养了昭阳人民，为“一区一县”农业发展作出了巨大贡献。乐居镇切实强化水库水源地保护，通过控制农业面源污染、减少工矿企立项的方式，进一步持续推进乡村生态修复治理。

3. 加强耕地资源保护和质量提升

乐居镇切实开展增减挂钩和土地占补平衡工作，实施完成土地“占补平衡”项目 3926 亩；顺利完成第一批、第二批、第三批土地增减挂钩项目共计 756.15 亩。通过拆旧拆违、坡改台等多种措施和项目，努力提高耕地资源保护力度和质量提升，严格恪守耕地红线，确保耕地效能持续稳步提升。

（四）建设农村生态聚落体系

1. 构建乡村聚落体系

按照“产业兴旺、生态宜居、乡风文明、治理有效、生活富裕”的总要求，以基层组织建设、特色产业建设、基础设施建设、环境宜居建设、基层治理提升、文明新风建设、美丽村庄规划为主要创建内容，进一步发展乡村产业、改善乡村生活条件、优化乡村生态环境、完善乡村治理制度、提升乡村文明水平，引领和推动乡村振兴战略全面实施。

2. 打造乡村聚落景观

2021 年，创建省市乡村振兴精品示范村 1 个（中河村）、美丽村庄 8 个（中河村潘家院自然村、中河村茨泥坝自然村、乐居村大石头自然村、乐居村白房子自然村、上街村赵家院自然村、上街村过水桥自然村、仁和村徐家院子自然村、新河村中营自然村），其中，区级乡村振兴精品示范村 1 个（中河村）、美丽村庄 3 个（中河村潘家院自然村、乐居村大石头自然村、仁和村徐家院子自然村）。

3. 优化乡村“三生”空间

立足新发展阶段，贯彻新发展理念，构建新发展格局，以发展理念创新引领发展方式转变，以发展方式转变促进质量效益提升，打造一批产业兴旺、生态宜居、乡风文明、治理有效、生活富裕的精品示范村和美丽村庄，统筹推进乐居镇农村经济建设、政治建设、文化建设、社会建设、生态文明建设和党的建设，加快推进乡村治理体系和治理能力现代化，加快推进农业农村现代化。

三、乐居镇生态振兴经验和启示

（一）农村环境污染综合治理

进一步整合项目和资金，全面综合提升政府力量统筹力度，切实培育企业环境保护意识，增强企业投入；围绕乡风文明、生态宜居要求，以政府为主导，全面调动多元社会力量投入生态振兴工程，加强群众教育引导，切实提升村民绿色生活行动。

（二）农业循环发展

以农业主导产业和优势特色产业为重点，在农业领域全面实施“标准兴农”战略，打造标准化产业示范区。近几年，乐居镇根据结合优势产业引进龙头企业打造现代化苹果示范园，大力引导和推广科学化、规范化的种植技术，助推苹果产业高效发展，为当地群众就业增收、发展特色农业产业带来了良好的带动效果。

（三）生态保护与修复

1. 严格管理产业发展和建房管理

（1）严格产业发展审批管理不仅可以缓解人地矛盾，还可以缓解生态压力，减少化肥、农药等化学残留。

（2）建房管理通过推行先审后建的原则，农村村民可按照规划进行审批报备，并按照指引建设房屋，保证森林的覆盖率，保护耕地。同时加强规范管理，提高打击“两违”行为的精准度和实效性。

2. 农业面源污染已成为大江大湖流域水体污染最大的来源之一

农业生产污染物在降水或灌溉过程中会影响到水环境质量和生态环境健康。乐居镇控制面源污染是生态文明建设的一项重要生产实践内容，也是新时期做好渔洞水库水环境保护及农村环境保护工作的抓手。

3. 使用增减挂钩方法

使用增减挂钩的方法可以使新增建设可能占用的耕地与拆旧区因复垦而增加的耕地相互平衡，增减挂钩亦可作为占补平衡制度下提供补充耕地的有效途径之一。

（资料提供：昭阳区乐居镇党委　马鑫）

案例三　五街镇乡村生态振兴案例

自党的十九大报告中提出实施乡村振兴战略以来，五街镇各部门按照“产业兴旺、生态宜居、乡风文明、治理有效、生活富裕”的方针和习近平总书记提出的“五个振兴”要求，以生态资源保护与开发并存促进经济发展，为实现乡村生态振兴助力。

一、基本概况

（一）五街镇基本概况

五街镇位于云南省楚雄彝族自治州南华县西部，距县城45千米，地处2州（楚雄、大理）、3县市（南华、楚雄、祥云）、5乡镇（龙川、沙桥、一街、三街、普棚）的中心，境内交通便利，地理区位独特，交通优势明显。五街镇境内居住着汉族、彝族、回族、白族等多种民族，是全州35个少数民族聚居乡镇之一。2020年末，全镇有14个行政村133个村民小组267个自然村5837户19286人，有土地面积267.7平方千米，森林覆盖率70%。2020年，全镇农村经济总收入达3.56亿元，农民人均纯收入达13200.75元。经过几年的努力，五街镇已成功创建为国家“松茸之乡”、省级“生态乡镇”和“卫生乡镇”、州级“文明乡镇”和全州“民族团结进步示范乡镇”。

五街镇野生食用菌种类多、产量大，有290余种，约占全国野生食用菌930余种的31.2%，约占云南省670多种的43.3%，在全镇28.3万亩林地中，均有不同种类的野生菌生长，主产松茸、牛肝菌、羊肚菌、鸡油菌、干巴菌、虎掌菌、鸡纵等，资源年蕴藏储量2500多吨，尤其是松茸，分布于五街镇14个村委会，面积近20万亩，并具有出菇期长、产量高、质量好、颜色鲜、味道美等特点。2020年，五街镇野生菌交易市场集散交易量达1500吨，交易额8000万元，其中松茸集散交易量100吨、交易额5000万元。农民人均野生菌收入4134元，占农民人均纯收入13000元的31.8%，最高的农户达到10万多元，主产区咪黑们村委会农户野生菌收入占家庭收入的40% ~ 50%，野生菌产业已成为五街镇促农增收致富的新兴产业、朝阳产业。

（二）生态资源保护与开发

近年来，五街镇深入学习贯彻习近平总书记新时代中国特色社会主义思想和考察云南重要讲话精神，坚持“绿水青山就是金山银山”发展思想，团结带领各族群众，依托得天独厚的自然资源优势，加大封山育林育菌力度，加强野生食用菌保育促繁基地建设，不断扩大野生菌保育促繁面积，进一步规范采摘管理，探索出了一条“封山育菌，保育促繁，发展野生菌产业”带动各族群众“共同团结奋斗，共同繁荣发展”，增收致富的新路子，辐射周边带动全镇的野生菌产业发展不断巩固拓展，实现了经济、社会、生态效益的高度融合。

二、五街镇生态振兴基本做法

（一）党建引领，建强堡垒促增收

五街镇党委始终坚持习近平总书记“人与自然和谐共生”的生态文明思想，深入贯彻落实习近平总书记关于“两山”理论和生态环保促进民族团结进步的重要指示批示精神，紧紧围绕“中华民族一家亲，同心共筑中国梦”目标，在党的旗帜下“铸牢中华民族共同体意识”。以村党总支为中心，成立了“封山育林育菌党支部”“松茸促繁保育党支部”，充分发挥党支部战斗堡垒作用和党员先锋模范作用，引导各族群众完善村规民约、明确责权。并通过召开户长会，商议制定森林资源管护机制。每年由村党总支牵头，组织引导各族群众开展森林防火、保育促繁和科学采摘的宣传培训，五街镇生态环境得到进一步提升，各族群众环保意识进一步增强，“封山育菌，保育促繁”力度进一步加大，野生菌产量逐年增加，实现了民族团结、生态环境保护和群众增收致富“三丰收”。

（二）完善机制，明确责任促增收

以主产区咪黑们村为试点，实施“封山育林育菌”和“搞活松茸山”承包经营机制。在保护野生菌赖以生存的良好生态环境的同时，大力推广集体林权个体承包、联户承包等经营模式。将全村各族群众的集体山林统一发包，优先承包给有一定能力的贫困户和村内有技术、会经营、懂管理的群众，实行“谁受益、谁看护”的责任机制，加大森林管护力度。聘用无承包能力的群众为护林员或采摘手，为其实现增收。近年来，咪黑们村以百菌园为中心辐射周边带动全镇千家万户，共计 2 万亩的保育促繁基地野生菌产量稳定，成为各族群众增收致富、脱贫奔小康的支柱产业之一，逐步形成全镇各族群众共同团结奋斗、共同繁荣发展的良好局面。

（三）强化管理，示范带动促增收

由五街镇党委、政府引导，村组牵头，各族群众具体组织实施，划出野生菌保护开发重点区域、示范区域，围绕重点示范区域，辐射周边村组，覆盖全镇农户，带动所有群众。全镇封山育林育菌面积达 20 万亩，封山育茸面积达 10 万亩，其中松茸核心区域 5 万亩，育茸示范基地 5 片 8 千多亩。带动全镇 14 个村民委员会 133 个村民小组 5837 户群众共同开展“封山育林育菌，保育促繁增收”行动，共护绿水青山，共享金山银山的愿景逐步实现。通过示范引领，以咪黑们村为核心的示范区已建成以松茸为主的“万、千、百”野生食用菌生产基地，即封山育茸面积达 2 万亩、育茸示范基地 2 片 3 千亩、仿野生菌种植基地 100 亩。其中最核心的松茸保育促繁示范基地——“百菌园”总面积达 1000 多亩，涉及当地群众 76 户 407 人，建档立卡贫困群众 26 户 117 人，直接辐射带动周边各族群众 352 户 1338 人。基地内主产松茸、鸡油菌、牛肝菌、珊瑚菌、红菇等各种野生菌，年均产量近 15 吨，其中松茸产量近 5 吨，年均产值近 140 多万元。通过承包产松茸的山林所得，全村 9 个村民小组有 8 个享有村集体收入。特别是开们村民小组，村集体经济收入仅承包山林一项就达到 47.7 万元，村民人年均增收 1200 元，野生菌已成为全村群众增收致富的重要来源，真正实现“绿水青山就是金山银山”“既要绿水青山，也要金山银山”。

（四）强化培训，规范采摘促增收

全镇实行持证采摘制度，对松茸采摘群众进行严格管理和监督，实行统一培训、统一发放“松茸采摘证”，在松茸采摘过程中严格执行采摘标准，严格执行禁止采摘 7 厘米以下的幼茸和破坏菌丝等管理措施，进一步规范标准化采摘。每年 12 月底至翌年 8 月初为封山期，封山期严禁砍伐和野外放牧，全面加强火源管控，野生菌资源、森林资源和生态环境得到较好恢复和保护，野生菌产量和品质不断提高，有效保障了以松茸为主的野生菌产业的可持续发展，各族群众增收致富途径得到持续巩固，中华民族一家亲，同心共筑中国梦的愿景更加凸显。

三、五街镇生态振兴经验和启示

（一）强化领导，坚持统筹协调

工作的顺利实施，离不开各级党组织的坚强领导和关心支持。封山育菌、保育促繁大力实施后，县委、县政府给予了有力的政策支持，镇党委和各村党总支主动担当、主动作为。镇、村、组上下一心，共同担责，密切配合，齐心协力，为封山育菌、保育促繁顺利实施提供了坚强的组织保障。

（二）依靠群众，维护群众利益

政策措施好不好，群众说了算。我们在实施封山育菌、保育促繁，大力发展野生菌产业中，始终践行初心使命，坚持走群众路线，把维护群众利益放在首位。通过深入发动、积极组织，群众参与积极性较高，自觉严格保护环境、全程进行相互监督，真正做到群众自己的事情自己办，有效发挥了群众的主体作用，有力推动了工作的实施。

（三）培育人才，抓牢第一资源

生态资源的开发与保护，要做好“聚”“引”“留”。要加强生态人才队伍建设，建立完善人才培养体系，加强引进复合型、高层次人才，大力开发生态人才潜力，推动生态保护和开发取得更大的成绩，迈上更高的台阶，做出应有的贡献。

（资料提供：中共五街镇党委　阿发剑）

案例四　弥勒市小平地社区生态振兴案例

《云南省农村人居环境整治三年行动实施方案（2018—2020 年）》指出要加快推进农村无害化卫生户厕改造建设，推广水冲式卫生厕所改造模式，同步实施厕所粪污治理。为贯彻落实好该方案，弥勒市小平地社区，探索分步实施、整村推进，做好厕所粪污无害化处理、资源化利用工作。

一、基本概况

（一）小平地社区第三居民小组基本情况

小平地社区第三居民小组紧邻东风集镇，位于东风南乡公园边。小组居民区占地 98 亩，现有常住人口 244 户 578 人。小组拥有耕地 2246 亩，居民主要以葡萄种植为主，人均可支配收入 19430 元，比全市高 45.7%。该村先后申报成为第三批全国“一村一品”示范村，葡萄质量追溯项目基地。小组近年来实施了美丽家园建设项目，完成道路系统建设、绿化树种植、墙体文化绘制。在实施美丽乡村创建工作中，实施垃圾集中收集处置和保洁员制度，并进行了南乡公园提升改造。2020 年，管理局把该小组纳入全州美丽乡村示范村进行建设。

（二）小平地社区厕所粪污资源化利用

弥勒市东风农场管理局以塑造容貌整洁、环境优美的东风新形象为出发点，在实施《农村人居环境整治三年行动方案》中，把农村厕所革命与粪污资源化利用和美丽乡村示范村建设相结合，选取小平地社区第三居民小组作为示范点进行打造。

二、小平地社区生态振兴基本做法

在该组美丽乡村示范村创建工作中，结合本地人居环境提升改造、“厕所革命”、爱国卫生运动等专项行动，共投入资金 82.6 万元，不断推进垃圾收运、“厕所革命”、庭院环境、田园风貌等治理改善，探索和改进居民卫生收费、居民环境自治等制度的建设运行。整治村内围墙（围栏、围埂），清理乱堆乱放。

在农村人居环境提升工作中，整合各级财政补助资金，按“三格化户厕”标准，整村推进农村“厕所革命”，对验收合格达到无害化卫生户厕标准的，按每户 500 元的标准进行补助。全村 244 户住户中，有 214 户常住户建设无害化卫生户厕，实现了全覆盖。同时针对村内污水管网和污水处理设施，有相关领导牵头，对解决排污问题和绿化美化村庄工作进行多次研究，确定了全面清理村内空地、庭院的柴草堆及杂草，建设小花园、小果园、小菜园，在农户户厕化粪池的第三格污水排口处，安装污水收集设备，把污水提取用于小花园、小果园、小菜园的绿化用水和有机肥料的具体措施方法。全村共完成改厕214个，建成小花园、小果园、小菜园256个，共4200余平方米。

三、小平地社区生态振兴取得的成效

一是通过农村厕所革命，基本实现卫生厕所全覆盖，群众卫生生活习惯的水平得到了提升。

二是在没有建成污水管网和污水处理设施的情况下，实现粪污资源综合利用，既节约了水肥资源，又实现了村庄干净整洁，全村无污水横流情况。

三是村内空地、群众房前屋后及庭院减少了卫生死角，增加小花园、小果园、小菜园，村内绿化美化效果全面加强，获得省级“卫生村”、州级“文明新风示范村”“美丽乡村示范村”等荣誉称号。

四、小平地社区生态振兴存在的不足

一是少部分农户认识不到位，认为用户厕粪污作为肥料种植的蔬菜不卫生，粪污仅作为果树和花园使用，雨季不能完全消化，还需人工进行清运。

二是部分农户对“三园”管理还不到位，蔬菜收割和补种不及时，绿化效果参差不齐，时好时坏。

五、小平地社区生态振兴经验和启示

（一）加大资金投入，改善村居环境

根据对不同地区采取针对性策略和措施，抓住农村人居环境提升的契机，强化资金投入保障，重点项目重点扶持，完善基础设施，改善村容村貌，乡村文明建设蔚然成风。

（二）整合各级资金，集中力量办大事

统筹整合相关财政涉农资金支持乡村生态振兴，明确资金的管理问题，要求有关市直单位、镇街和次发达村（社区）严格执行帮扶资金管理和使用规定，管好用好帮扶资金，完成农村“厕所革命”、农村道路硬化、安全饮水等群众期盼之事，解决农民之困。

（资料提供：弥勒市东风农场管理局党委书记　陈爱明）

案例五　大山包镇乡村生态振兴案例

实现生态振兴，必须坚持习近平总书记“绿水青山就是金山银山”的引领，必须遵循“生态优先、绿色发展”的行动指南。大山包镇牢固树立“两山”理念，大力开展生态保护修复工程，多方引导群众参与生态建设，推动脱贫与生态保护互促共进，有效改善了黑颈鹤栖息环境的同时增加了群众的收入。

一、基本概况

（一）大山包镇基本概况

大山包镇地处昭通中心城市西部，距昭阳城区 56 千米，总面积 192 平方千米，占昭阳区总面积的 8.9%，与云南省昭通大山包黑颈鹤国家级自然保护区完全重合。地处五莲峰东部分支，属高寒山区。地势西南高东北低，境内大小丘陵绵延起伏。境内最高海拔 3364 米，最低海拔 2210 米，平均海拔约 3000 米，年平均气温 5.7~6.2 摄氏度，年降雨量 1100~1340 毫米，无霜期 80~125 天。土壤为黄棕壤、海堡土（灰包土），呈酸性。

全镇辖大山包村、合兴村、老林村、马路村、车路村 5 个行政村，有 89 个自然村 110 个村民小组，辖区内汉族、苗族、彝族 3 种民族杂居。

大山包镇农业结构比较单一，以马铃薯、苦荞、燕麦三种粮食作物作为主要农作物，还种植一种为洋蔓菁的畜牧饲料。农业种植风险及大，俗有“十年九灾，无灾不成年”的说法。全镇实有耕地 99771.63 亩，通过实施退耕还湿、还草、休耕、易地搬迁等项目，2020 年全镇耕种面积仅为 41010 亩。有草山 10.3 万亩，采取散养的方式进行放牧，畜牧业是大山包镇的主要经济来源之一，占农业收入的 65%，在大山包镇被称为小农业。

（二）生态资源基本情况

1. 大山包国家公园

大山包国家公园被冠以“国际重要湿地”“中国国家公园”“中国黑颈鹤之乡”之称。

2. 鸡公山

鸡公山大峡谷是中国最深的玄武岩大峡谷，山体三面绝壁，垂直落差达 2600 米，比美国科罗拉多大峡谷还要深1000米。鸡公山因为形状极像雄鸡傲首鸣唱而得名，它的雄奇险峻代表了乌蒙山磅礴雄浑的阳刚之气，漫步于鸡公山，既可远眺“滇东北第一峰”巧家药山和牛栏江大峡谷的风姿，又可鸟瞰“云南王”龙云、卢汉的家乡炎山。

3. 仙人田

仙人田是大山包亚高山草甸形态的代表，素有“南方大草原”的美誉，是黑颈鹤觅食和休息的重要场所，这里保留了原生态的农耕文化和畜牧文化。

4. 跳墩湖

跳墩湖是大山包海拔最高、面积最大、水源和物种最丰富的湿地区域，水域面积337.5公顷。这里有着许多天然泉眼的沼泽池，泉眼出水量大，昼夜不息，是大山包湿地千万年来存在的重要保证。

5. 黑颈鹤

国家Ⅰ级重点保护动物黑颈鹤，是目前全球仅存的15种鹤之一，也是唯一生活在高原环境的鹤类，大山包是国内已知的最大的黑颈鹤群居地。大山包有包括黑颈鹤在内的6种国家Ⅰ级重点保护鸟类；20种国家Ⅱ级重点保护鸟类；此外，区内保留了云南省滇东北乌蒙山区面积最大的原生性植被类型和湿地类型，具有极高的科学研究价值和保护价值，是鸟类爱好者极佳的观鸟胜地和科普教育基地。

二、大山包镇生态振兴具体措施和取得的成效

（一）实施易地搬迁，降低生态干扰

逐步降低居民生产生活对黑颈鹤等野生动物的干扰。大山包保护区管护局和大山包镇政府结合脱贫攻坚易地搬迁工作，制定易地搬迁方案，陆续将保护区内村民搬迁安置到永丰、红路安置点。根据2019年统计，保护区共有在册人口4515户18966人，截至2020年12月，共搬出1696户7923人，现存在册人口2819户11043人。其中核心区原有2456户10348人，搬出729户3392人，现存1727户6956人；缓冲区原有847户3488人，搬出420户1932人，现存427户1556人；实验区原有1212户5130人，搬出547户2599人，现存665户2531人。

（二）实施危房拆除，扩大生态面积

通过对农村所剩危房、残垣断壁的拆除复垦，使拆除重建的农危改户、易迁安置户及其他建新未拆旧户的原宅基地变成耕地、草地。截至2020年12月，完成危房拆除2015户，拆除面积93041.89平方米。

（三）强化综合执法，减少人类活动

多家部门组建综合执法队伍，对大山包保护区实行无缝监管。一方面，对外来人员进行宣传引导，严格劝返；另一方面，对确实需要过境的人员进行统一换乘，有序过境，杜绝一

切外来车辆进入保护区，加强巡护监督，有效减少人类活动干扰。

（四）促进公众参与，营造保护氛围

近年来，大山包保护区与昭通黑颈鹤保护志愿者协会和云南大学、西南林业大学、昭通学院、大山包中小学等单位合作，以大山包黑颈鹤科普宣教馆、大海子黑颈鹤行为监测研究隧道、保护区湿地资源等为依托，以“世界湿地日”“世界野生动植物日”“爱鸟周”“迎鹤节”等宣传活动及保护区解说系统为载体。采取街头咨询互动、演讲，赠送科普宣传资料、生态文明宣教年历，宣传展板展示，知识问答，表演节目，校园讲座，参观大山包黑颈鹤科普教育馆，发放宣传资料，合理设置警示牌和解说牌，悬挂宣传横幅等丰富多彩的宣传方式，普及鸟类识别、鸟类救助、湿地功能、湿地生态保护等方面的知识，以及野生动植物和湿地保护相关法律法规，增强公众热爱自然、保护生态的意识，为保护区开展好保护管理工作创造了良好的氛围。

（五）采取补偿政策，促进生态经济双赢

近年来，大山包管护局从高原湿地生态系统的特殊性出发，开展湿地生态效益补偿及湿地保护与修复工作，修复退化生态系统，优化区域湿地分布格局，扩大湿地面积，提升湿地服务功能，为黑颈鹤提供了更多的栖息地，通过这些项目的实施，取得了良好的成效。

（1）2014 年，湿地生态效益补偿试点项目覆盖 4 个村委会 29 个村民小组 663 户农户共计 2669 人。补偿人数占大山包保护区农业人口的 15%，农户获得最高补偿金额为 17.20 万元，最低为 0.80 万元，人均补偿金额 3896.59 元，户均补偿金额 1.568 万元。同时计划投入资金 150 万元，聘用当地建档立卡贫困户劳动力 50 余人，使贫困户户均年增收入 2 万元；2016 年，湿地生态效益一次性补偿项目直接兑付村民 60 多户，400 余人受益，户均增收 10 万元以上。

（2）黑颈鹤食物源基地建设惠及大山包镇 5 个行政村，90 余个村民小组，2137 户建档立卡贫困户，平均每户增收 1600 元。

（3）国际重要湿地保护与恢复工程（2017 年度）为当地提供 920 余人劳动力，直接用工 27500 人次，村民创收 400 余万元。2018 年国际重要湿地保护与恢复工程聘用当地劳动力 400 余人，用工 10000 万多人次，村民创收 180 余万元。通过项目实施，就地聘用劳动力，真正让老百姓实现在家门口能就业、能致富。

（4）完成 8000 亩湿地生态服务功能补偿，选择属于沼泽化草甸、水湿条件好、生物多样性丰富作为补偿对象的土地，积极整合畜牧局种草项目，在退耕后的土地上种草，有效恢复了草甸湿地，村民牲畜养殖推行割草养畜，逐步减少农业耕作和放牧活动，减轻草场湿地的环境压力。

三、大山包镇生态振兴的制约因素

（一）群众理解不到位

大山包镇的老百姓文化素质普遍不高，环境保护意识不强，对一些政策不能很好理解，自主意识不强。比如，对爱国卫生运动、人居环境提升行动的认识不高，生活习惯较差，没能很好地从思想上转变观念，养成良好的生活习惯，自觉、主动地去爱护环境卫生。

（二）管理难度大

保护区内原住民近 20000 人，2019 年脱贫攻坚易地搬迁搬出近 10000 人后，保护区内还有原住民 10000 余人，在核心区、缓冲区和实验区均有分布。其生产和生活活动，一定程度上影响了湿地保护的开展，特别是直接干扰了黑颈鹤等越冬水禽的越冬栖息，挤占了大山包原有植物的生存空间。村庄缺乏合理的规划设计，种种不利因素，给保护管理工作带来了较大的压力。

（三）生态修复形势紧迫

在国家的支持下，大山包保护区选取了黑颈鹤重要夜宿地开展了湿地修复，取得了实验性的成效。但是大山包尚有很多重点功能区水土流失严重，而且缺乏自我修复能力，冲沟会随时间的推移越来越严重，修复成本越来越大，生态治理及修复形势紧迫。

（四）资金短缺项目难连续

项目经费不足和实施期限极短是湿地生态效益补偿项目中存在的显著问题，这意味着今后每实施一次这样的项目，均要向上级部门申请项目资金并与补偿对象签订补偿协议，造成了许多不必要的麻烦，同时使生态效益补偿工作失去连续性，很难产出预期成效。

（五）气候影响项目工期短

大山包属于高寒山区，气候条件恶劣，项目施工难度大、成本高，因此整体治理范围存在局限。黑颈鹤越冬期禁止施工，导致每年施工期限短（5—10 月）。7—8 月汛期雨量大，施工困难，导致项目工程缓慢或推迟。

四、大山包镇生态振兴的基本做法

（一）完善法律，确保湿地管理健康有序

为了加强大山包湿地保护管理，维护湿地生态、经济和社会功能。2008 年 9 月 25 日，云南省第十一届人民代表大会常委会第五次会议审议通过了《云南省昭通大山包黑颈鹤国家级自然保护区条例》，并于 2009 年 1 月 1 日起施行。

2017 年 9 月 1 日，昭阳区人民政府发布了《昭阳区人民政府关于切实加强大山包黑颈鹤

国家级自然保护区保护管理的通告》：自 2017 年 9 月 3 日起，大山包自然保护区开展封闭性资源环境整治工作，保护区内所有人类活动必须进行申报批准。

2018 年 5 月 30 日，云南省第十三届人民代表大会常务委员会第三次会议通过了关于修改《云南省昭通大山包黑颈鹤国家级自然保护区条例》的决定。通过对有关法律、法规、办法、通告及湿地保护知识的宣传普及和贯彻落实，有效地促进了大山包湿地保护管理工作的法制化、正规化。

（二）筹措资金、加大投入，促进湿地恢复

近年来，在上级林业主管部门的支持下，大山包先后开展了 2016 年大山包国际重要湿地生态效益补偿项目、2017 年湿地保护与恢复项目，通过退耕还湿、筑坝蓄水、人工种草、裸地修复、电线改造等措施，扩大了湿地面积，提高了湿地质量，有效地改善了黑颈鹤的栖息环境，同时也提高了群众的收入。

（三）开展基础研究，促进湿地保护管理科学化、规范化

保护区管理局聘请云南大学生命科学学院，对大山包保护区进行资源本底调查；聘请西南林业大学国家高原湿地中心，开展大山包湿地恢复研究；聘请中国科学院昆明植物研究所，对大山包湿地植物进行调查研究，共调查出植物 358 种、昆虫 223 种，其中有 1 种昆虫为中国特有种、10 种为中国新纪录的物种；与中国科学院昆明动物研究所专家合作，建立野生动物监测站，进行大山包保护区野生动物调查，开展黑颈鹤越冬生态习性研究，探索科学保护黑颈鹤的方法和措施；聘请云南师范大学旅游与地理科学学院，进行大山包湿地泉眼形成研究，开展湿地泉眼普查，探索保护高原湿地的最佳途径。作为中国科学院昆明动物研究所野生动物监测站，大山包保护区多次与其合作开展科研项目，同时也成为中科院昆明动物研究所研究生的项目课题研究基地。与昭通学院合作建成昭通师范高等专科学校云南大山包黑颈鹤国家级自然保护区教学科研基地，通过学生们的校外实践活动及课题研究，共享湿地研究成果，扩大了大山包湿地对外影响力。

（四）整合社会力量，动员群众参与，形成湿地保护活力

大山包湿地保护工作得到了国际湿地（WI）、世界自然基金会（WWF）、国际鹤类基金会（ICF）等国际组织的关注与支持。

（1）保护区管理局还与美国国际鹤类基金会、“湿地国际”中国项目办事处、美国瑞尔保护协会等民间组织合作，在大山包保护区开展黑颈鹤监测、“通过社区参与式扶贫，加强云南大山包自然保护区黑颈鹤保护项目”和“瑞尔保护协会领导力开发项目”，为保护区村民提供沼气建设资金，发展替代能源，培养保护区业务骨干，提升保护管理能力。

（2）作为民间团体的昭通市黑颈鹤志愿者保护协会，也积极地参与到黑颈鹤及湿地的保护宣传工作中来，分别于昭通、昆明、楚雄、丽江开展黑颈鹤保护宣传活动，取得了较好的宣传效果。黑颈鹤志愿者协会每年组织志愿者参与黑颈鹤监测体验活动，并在大山包保护

区捡拾垃圾等环保活动，用实际行动来保护大山包湿地和黑颈鹤。

（五）整合项目，保护成效明显

一是整合脱贫攻坚易地搬迁项目，保护区核心区移民搬迁，一定程度上解决了保护区人鹤争地的矛盾，使核心区湿地人为活动的影响明显减少，促进了湿地生态系统的恢复，让保护区保护管理效率得到明显提高。

二是天然林保护工程实施、退耕还林还湿项目，改善了保护区生态环境，提高了植被覆盖率，减少了保护区水土流失，通过保护外围的天然林，极大地减少了风蚀作用对亚高山草甸植被的破坏。

三是通过固定耕地、人工种草、筑坝蓄水恢复湿地植被、裸地修复等湿地生态保护工程，扩大了黑颈鹤觅食地，恢复了湿地面积，改善了湿地生态环境状况，使湿地生态功能得到逐步恢复。通过这些项目的实施，逐步地恢复了保护区湿地面积，改善了湿地生态环境，提高了湿地质量，为黑颈鹤及保护区其他水禽提供了良好的栖息环境，保护区黑颈鹤和其他鸟类数量逐年上升，湿地植被覆盖面积增大，裸露面积减少，水土流失情况明显改善，沼气—大棚等项目改善了社区居民生存现状，减少了社区居民能源开支，保护了湿地生态环境。

五、大山包镇生态振兴的经验启示

（一）完善法律制度，提供法治保障

生态文明建设的价值理念重在保护，大山包镇在生态环境保护过程中制定了一系列条例和规章制度，并将其落在实处，惩处环境资源犯罪与修复生态并重使各项工作有章可循，推动了生态保护工作的有序开展。

（二）完善人才系统，激荡湿地“活水”

加大与高校科研机构合作，发挥技术研发优势、人才资源优势，提供湿地生态变化、生物多样性变化监测和生态修复等方面的技术和设备，提升湿地保护力度。

（三）多管齐下，各项工作共同推进

将环境保护工作与大山包镇的脱贫攻坚、爱国卫生运动、人居环境提升等工作同安排、同部署、同落实、同促进。在开展日常工作的同时，加强对生态环境保护的宣传和引导，党员干部带头做先锋、做表率，让生态环境保护的理念深入人心，让群众从根本上转变观念，提升生态保护意识；从行动上自觉地爱护环境卫生，养成良好的生活习惯。

（资料提供：中共大山包镇党委）

致 谢

本书在撰写的过程中，得到了云南省社科联相关领导、同志的大力支持，在此表示衷心的感谢！

本书在撰写相关案例的过程中，也得到了文山市秉烈乡党委、昭阳区大山包镇党委、昭阳区乐居镇党委、中共五街镇党委、弥勒市东风农场管理局党委、丽江市古城区开南街道办事处等单位领导和同志们给予的特别帮助，在此表示衷心的感谢！

此外，西南林业大学经济管理学院的硕士研究生杨怡、余雨薇等投入了大量时间进行研究、调查、参与编写，对他们的辛勤付出表示特别感谢！

由于时间仓促，加之编者水平有限，书中还有不足之处，恳请各位读者给予指正和谅解！